걱정
버리기
연습

걱정 버리기 연습

걱정거리의 90%는 일어나지 않는다

브렌다 쇼샤나 지음 | 김지영 옮김

예문

걱정 없는 인생을 선택하라

지금 이 책을 펼쳐 들었다면 당신은 필시 걱정이 많은 사람일 것이다. 어쩌면 주변에 '걱정병 환자'를 두고 있는지도 모른다. 그렇다면 당신에게 이렇게 외치고 싶다. "걱정은 인생에 부정적인 영향을 미치며, 당신을 제한합니다. 걱정이 당신의 인생을 먹어치우기 전에 어서 걱정과 결별하세요!"

많은 이들이 걱정 때문에 괴로워하면서도 그것을 합리화하며 적극적으로 벗어나기를 꺼린다. 별것 아닌 일에도 안달복달하고, 한 가지 걱정이 끝나면 곧장 다음 걱정에 시달리면서도 걱정이 꼭 나쁜 것만은 아니라고 생각한다. 만성화된 걱정에 빠져 있는 '걱정 많은 사람들'은 대개 걱정이 많다는 것은 신중하다는 의미이며, 덕분에 남이 보지 못하는 위험성을 찾아내고,

또 눈치가 빠르기에 걱정도 많다고 주장한다. "미리 걱정했기 때문에 지금까지 별일 없이 살아왔어요"라는 식이다. 그러나 이는 완전한 착각이다. 걱정으로 고통받는 사람의 자기 위안에 불과하다. 걱정과 상관없이 일어날 일은 일어나고, 그렇지 않은 일은 일어나지 않는다.

사실 인생의 별일이란 게 우리 마음대로 통제할 수 있는 것이 아니다(거꾸로 말하자면, 통제할 수 있는 일은 이미 '별일'이 아니다). 통제할 수 없는 것을 걱정하면 무슨 소용이 있는가? 살다 보면 개인적으로 감당하기 어려운 문제가 갑작스럽게 발생할 수 있다. 경제변동으로 투자와 저축을 몽땅 잃거나 홍수나 지진, 화재, 전쟁, 범죄 등의 피해자가 되지 말란 법도 없다, 이처럼 불가피한 요소와 관련해 개인은 아무런 통제력을 발휘하지 못한다. 조금 다른 얘기지만, 타인의 마음 또한 자신의 통제 범위를 벗어난다.

혹시 통제할 수 없는 것에 대해 두려움을 느끼며, 그와 관련된 일을 상상하고 심지어는 꼭 일어날 것만 같은 나쁜 예감에 사로잡혀 있는가? 어떤 사람들은 그래서 걱정을 일종의 계시로 여기고 도전이나 모험을 포기한다. 그러나 사람들 대부분은 이것을 '계시'가 아니라 '망상'이라 표현한다.

반대로 개인이 충분히 통제할 수 있는 일도 있다. 예를 들어 마감기한까지 일을 끝내지 못할까 봐 걱정된다면 상사에게 양

해를 구하거나 동료에게 도움을 청하면 된다. 야외 수영장에 가는데 비가 올까 걱정이라면 장소나 날짜, 둘 중 하나를 바꾸면 그만이다. 이런 일은 걱정하느라 정신력과 시간을 소모할 필요가 없는 것이다.

그 때문에 많은 심리학자는 만성적인 걱정이 무용(無用)한 정신활동이라고 말한다. 종교적으로도 번뇌는 내적 평화와 행복을 방해한다. 나아가 근래에는 걱정과 개인적 성취의 관련성에 관한 조사도 진행되고 있다.

이 책은 총 3장으로 이루어져 있다. 1장에서는 걱정은 어떻게 생겨나는 것이며, 왜 그만두려 해도 좀처럼 머릿속에서 떨어지지 않는 것인지 그 이유를 설명한다. 2장에서는 걱정의 실체를 다섯 가지 측면에서 조명한다. 첫째, 걱정은 공상에 불과하며 공상이 지나치면 현실처럼 느껴진다. 둘째, 걱정은 집착이며 욕망의 크기와 비례한다. 셋째, 걱정은 당신이 잠재력을 발휘할 수 없도록 제한한다. 넷째, 걱정은 의도치 않은 게으름으로 이어지며 다섯째, 타인과 세상을 믿지 못하는 마음과 관련이 있다. 다 읽고 나면 더는 걱정을 합리화하고 싶은 마음이 사라지고 완전한 결별을 결심하게 될 것이다.

마지막 3장에서는 걱정과 결별하기 위한 7가지 마음의 열쇠를 소개한다. 7가지 조언은 진정한 나를 발견하고 내적 평화를 찾는 마음수련과 관련되어 있다. 누구나 원하면 언제든 걱정에서 벗어날 수 있어야 한다. 또한 인생이란 여정 곳곳에서 불안과 두려움, 분노 같은 어둠을 만날 때마다 내면의 빛을 밝힐 수 있어야 한다. 이 책이 그러한 근원적 힘을 키우는 데 도움이 되기를 바라며 마음수련법과 필자가 실제 치유에서 사용하는 이야기들을 실었다.

걱정은 아무것도 아닌 동시에 엄청난 것이다. 걱정 없이 사는 사람은 걱정이 조금 움트더라도 그것을 무시하고 자기 길을 간다. 그러면 걱정은 슬그머니 힘을 잃고 사라진다. 그러나 걱정에 주의를 기울이기 시작하면 그것은 엄청난 기세로 부풀어 올라 머릿속을 점령한다. 급기야 걱정이 삶의 방침이 되면 진실한 사랑이나 획기적인 도전의 기회가 코앞에 다가와도 옴짝달싹 못 한다. 걱정에 사로잡힐수록 행복이나 평안, 자유와는 점점 멀어지게 되어 있다. 어떤 삶을 살 텐가? 선택은 당신의 몫이다.

Contents

3
걱정과 결별하기 위한 7가지 열쇠

1

걱정이 인생을 먹어치우기 전에 알아야 할 것들

No More Worry

걱정이란 무엇인가

'걱정 없이 사는 사람이 있을까?' 이 책을 읽는 독자라면 당연히 '없다'고 답할 것이다. 정도의 차이만 있을 뿐 세상 살다 보면 어찌 근심 걱정이 없겠느냐고 말이다. 걱정이 많아 괴로운 나머지 이 책을 펼쳐 들었으니, 남들 또한 근심 걱정 한두 가지 정도 당연히 가지고 있으리라 생각하는 것도 무리는 아니다. 그러나 걱정 없이 사는 사람은 분명히 있다(드물지는 모르지만). 여기서 확실히 해둘 것은 걱정과 고민은 전혀 다르다는 것이다. 다음 두 가지 이야기를 보자.

지금으로부터 약 2,500년 전 인도 지역 카필라 왕국에 왕자가 태어났다. 예언자가 왕에게 말하기를 "왕자가 궁정에서 그대로 자란다면 전륜성왕(이상적인 왕을 이르는 말)이 될 것이요, 출가한다면 큰 성인이 될 것입니다"라고 하였다. 그 말에 왕은 아들을 궁궐 안에 가둬놓다시피 하며 고이 키웠으나, 왕자는 몰래 궁 밖으로 나가 세상을 보았고 온갖 부조리와 모순을 접하였다. 왕자는 생로병사의 숙명에 대해 깊이 고민했고, 결국 출가하여 성인이 되었으니 그가 바로 석가모니(싯다르타)이다. 석가모니는 불교를 만들었고, '인생의 모순을 통해 인간적 고뇌를 어떻게 해결할 것인가'에 대한 깨달음을 널리 전파하였다.

한편, 비슷한 시기 중국 기나라에는 어느 근심 많은 남자가 살고 있었다. 걱정이 너무 많은 나머지 먹지도, 자지도 못했다니 일종의 신경쇠약이었던 셈이다. 그런데 그를 죽음 직전까지 몰고 간 근심이란 것이 참 황당하다. 하늘을 쳐다보면 하늘이 무너질까, 땅을 내려다보면 땅이 꺼질까 근심되어 침식을 전폐했단다. 그 어리석은 남자의 이야기를 두고 '쓸데없는 걱정'이란 뜻의 기우(杞憂)라는 말이 생겼다.

걱정하든 고민하든 괴롭기는 마찬가지다. 그러나 그 둘 사이에는 결정적인 차이점이 있다. 위의 이야기에서 보듯, 고민은 인간을 성장하게 하지만 걱정은 인생에 아무 이득도 되지 않는다. 고민이 깊어지면 사상가나 성인이 되지만, 걱정이 깊어지면 신경쇠약자가 된다.

🌱 당신은 걱정 많은 사람인가,
　고민 많은 사람인가?

　당신은 기나라 사람 이야기를 읽고 피식 웃었을지 모른다. 그러나 만약 사고가 걱정돼 비행기 타기를 꺼리는 사람이라면 기나라 사람을 비웃을 처지가 못 된다. 비행기 사고로 죽을 확률은 벼락 맞아 죽을 확률보다도 낮으며, 심지어 어떤 조사에 따르면 소행성 충돌로 죽을 확률보다도 낮다. 내가 아는 한 남자는 어느 파티에 가든 샹들리에 밑에는 절대 서지 않는다. 샹들리에가 떨어질까 봐 두렵다는 것이다. 떨어지는 샹들리에에 깔려 죽을 확률이 과연 얼마나 될까?

　잡념이 많아 잠을 이루지 못하는 사람도 마찬가지다. 캐서린은 만성 불면증에 시달리고 있었고, 수면유도제 없이는 잠들지 못했다. 그녀는 약을 끊고 싶다며 상담치료를 받으러 왔는데, 그녀 스스로가 불면증의 원인을 정확히 알고 있었다.

　"제가 생각해도 걱정이 많아요. 게다가 눕기만 하면 온갖 생각이 다 들어 잠을 이룰 수가 없어요."

　"대개 어떤 걱정이죠? 뭐가 그렇게 걱정인가요?"

　"음, 여러 가지 종류가 있어요. 얼마 전에는 남편과 아이들을 놔두고 출장을 갔는데, 제가 없으면 문단속이나 제대로 할까 싶더군요. 그리고 보니 도둑이 들지 모르겠다는 생각이 들고,

그 생각이 계속되니 강도가 들어 죽거나 다치기라도 하면 어떡하나 걱정돼 잠을 잘 수가 없었어요. 결국 남편에게 전화해서 문단속을 시키고 다시 침대에 누웠는데, 이번에는 잠든 남편을 전화로 깨운 것이 마음 쓰여서 잠이 안 오는 거예요. 그이는 회사가 멀어서 매일 장거리 운전을 해야 하는데, 저 때문에 잠을 설쳐서 출근길에 혹시 사고라도 나지 않을까……. 이런 식으로 매일 같이 별의별 생각이 다 들어요."

캐서린뿐만 아니라, 상담을 하다 보면 기나라 사람과 오십보백보, 우열을 가리기 힘들 정도로 걱정에 사로잡힌 사람이 많다. 이런 사람들은 "고민하면서 길을 찾는 것이야말로 참된 인간상이다"라는 파스칼의 명언을 들으면 못내 뿌듯해하며 '그래, 좀 괴롭기는 하지만 난 제대로 살고 있어'라고 생각한다. 실망시켜서 미안하지만, 그건 착각이다. 지금까지 얘기한대로 걱정은 고민이 아니다. 걱정이 무엇인지, 그 정체를 알기 위해서는 먼저 고민과 걱정의 차이를 아는 것이 중요하다.

🌱 걱정과 고민의 차이 : 뿌리부터 다르다

고민의 출발점은 사고, 즉 '생각'이다. 생각은 인간을 동물과 다른 차원의 존재로 만드는 우리 뇌의 작용이다. 사고하는 인간은 자연히 자기 자신과 타인, 외부 세계에 대해 인식하고 수 많은 모순을 발견한다. 그리고 모순에 관해 깊이 생각할수록 고뇌에 빠져든다. 석가모니가 그랬던 것처럼 말이다.

한편 걱정의 뿌리는 '불안감'에서 찾을 수 있다. 불안은 인류의 뇌용량이 지금의 절반도 되지 않을 때에도 존재했으며, 사실상 현재까지 인류를 존재하게 한 생존 본능이다. 불안을 느끼는 능력 덕분에 우리 조상들은 살아남았다. 자연에서는 맹수들을 피했고, 문명사회에서는 적의 공격이나 동업자의 배신, 피비린내 나는 정쟁에서 목숨을 부지했다. 다가오는 위험과 죽음에 대한 본능적인 공포; 그것이 바로 불안의 정체이다. 흔한 생각과 달리 불안 그 자체는 결코 나쁜 것이 아니다.

그런데 이러한 본능이 이성을 만나면 문제가 발생한다. 불안에 상상력이 발휘된 결과 실재하는 위험뿐만 아니라 위험할 '수도' 있는 것, 위험할 '지도' 모르는 것들이 머릿속을 잠식한다. 걱정을 털어내려 해도 생각처럼 되지 않는 건, 그것이 불안이라는 본능에 거머리처럼 딱 붙어있기 때문이다. 이처럼 걱정은 불안이 생각을 만나 부풀려진 결과이다.

동서양을 막론하고 위대한 사상가들은 모두 고민을 장려해왔다. 19세기의 철학자 랄프 에머슨은 "고뇌 없이는 정신적으로 성장할 수 없으며, 인생을 향상시킬 수도 없다"고 말했다. 에머슨의 말대로 고민은 정신 발달의 과정이며, 인간이 인간다운 삶을 살고 영적 성장을 이루기 위해 필수불가결하다. 그런데 걱정은 정반대다. 걱정은 정신을 약하게 하고, 용기를 앗아가며, 우리를 옴짝달싹 못 하게 만든다.

인간으로 태어난 이상 아무런 고민 없이 살아선 안 된다. 그러나 걱정 없이 사는 것은 우리 모두의 과제이다. 그것은 집착과 망상에서 벗어나 순리대로 살아가는 것을 의미한다.

🌱 걱정의 다섯 가지 얼굴

걱정에서 벗어나야 한다고 말하면 "그래도 걱정이 도움이 될 때도 있지 않나요? 걱정 많은 덕분에 지금까지 안전하게 살아온 걸요"라는 사람이 많다. 심리학자 채드 르쥔느는 이를 '마법의 사고방식'이라고 표현했다. 걱정하느라 괴로우면서도 그것이 자기 삶의 안전망 역할을 해왔다고 믿는 것이다. 이런 사람들은 걱정하던 일이 실제 일어나지 않으면 실망하기까지 한다!

그러나 걱정의 진짜 정체를 알면 결별하고 싶은 마음이 굴뚝같아질 것이다. 걱정은 다섯 가지 다른 얼굴을 가지고 있다. 2장에서 각각의 얼굴에 관해 자세히 알아보기에 앞서, 여기서는 대략적으로 살펴보기로 하자.

첫 번째 얼굴 : 걱정은 망상이다

불안이 상상력(생각)을 만나 증폭된 것, 그것이 바로 걱정이다. 〈마이너리티 리포트〉에 나오는 예언가라도 되면 모를까, 우리가 하는 걱정의 대부분은 공상에 불과하다. 실제로 연구자들에 따르면 걱정의 90퍼센트는 절대 일어나지 않는다고 한다. 《모르고 사는 즐거움》의 저자인 심리학자 어니 젤린스키는 그의 책에서 좀 더 구체적인 숫자를 제시했다. 우리가 하는 걱정의 40퍼센트는 절대로 일어나지 않으며, 30퍼센트는 이미 일어난 일에 관한 것이고, 22퍼센트는 굳이 걱정할 필요가 없을 정도로 사소하다. 4퍼센트는 걱정해봤자 어쩔 수 없고, 나머지 4퍼센트는 충분히 우리 힘으로 바꿔놓을 수 있는 문제이다. 결국 걱정해봤자 아무 소용도 없다는 얘기다.

두 번째 얼굴 : 걱정은 집착이다

떠돌이 도둑 세 명이 어느 마을에 도착했다. 그런데 마을은 가난한데다, 마침 흉년이 들어 곡식 한 톨 찾아보기 어려웠다. 두 명이 마을을 떠나려는 찰나, 다른 한 명이 마을 사람들을 붙들고 묻기 시작했다. "이 마을에서 가장 걱정 많은 사람이 누굽니까?" 사람들이 일제히 가리키는 두 집을 찾아가니, 한 집은 어린아이가 병들어 있었고 다른 한 집은 딱히 나쁠 것이 없어 보이는 집이었다. 도둑이 두 번째 집을 가리키며 말했다. "오늘

밤에 이 집을 털자." 그 말을 듣고 두 명이 따라 그 집 담을 넘으니, 과연 집 안 구석진 방에 식량과 보물이 있었다.

"겉보기엔 다른 집들과 별반 다를 바 없어 보이는데 어찌 이 집에만 보물이 있을 걸 알았나?"라고 두 사람이 물으니, 나머지 한 명이 답하였다.

"잃을 것이 많을수록 걱정이 많은 법이지!"

이 이야기의 교훈은 자명하다. 소유욕과 집착이 클수록 걱정도 많다는 것이다.

세 번째 얼굴 : 걱정은 한계이다

불안을 느끼면 몸은 딱딱하게 굳고 이성적인 판단이 제대로 이루어지지 않는다. 불안의 한 가지 형태인 걱정 역시 마찬가지다. 걱정은 우리를 움츠러들게 한다. 걱정에 사로잡히면 한 발 앞으로 내디딜 용기가 나지 않고, 오히려 '잘 안 되면 어떻게 하지' '실수하면 어떻게 하지' 같은 부정적인 생각의 쳇바퀴에 갇히게 된다. 일어날지 안 일어날지 모르는 일을 염려하느라 눈앞의 기회를 놓치고, 할 수 있는 일도 안 하는 것이다. 또한 불확실성을 없애기 위해 상황을 통제하려다 보면 점점 할 수 있는 일의 범위는 좁아진다. 자신의 한계를 그어놓고 확실하게 할 수 있는 일만을 추구하게 된다. 이처럼 근심, 걱정, 불안 같은 상자에 자신을 가둬 버리면 상자 밖에 무한한 삶의 가능성이 펼쳐져 있음을 결코 알 수 없다.

네 번째 얼굴 : 걱정은 게으름이다

걱정은 우리가 행동에 나서는 것을 방해하고, 일을 차일피일 미루게끔 만든다. 예를 들어 내키지 않는 상대와 전화통화를 해야 한다고 가정해보자. 걱정 많은 사람은 '제대로 용건을 말하지 못하면 어떡하지' '상대가 화를 내지는 않을까' 생각하며 5분이면 끝날 간단한 통화를 위해 그 두 배가 넘는 시간을 걱정하느라 흘려보낸다. 자신은 의도하지 않았지만, 결국 게으름을 피운 셈이다. 여기서 게으름이란 나태함이나 권태로움과는 다르다. 지금 해야 할 일을 하지 않고(못하는 것이 아니다!) 망설이고 미루느라 삶의 에너지를 저하시키는 것이 필자가 말하는 게으름이다. 한편, 걱정은 100퍼센트 현재가 아닌 미래를 향해 있다(종종 과거에 관한 걱정도 있기는 하지만). 미래에 대한 생각에 빠져있으면 현재 해야 할 일에 집중할 수 없다. 결국 걱정을 핑계 삼아 오늘 할 일을 미루게 되어 버린다.

다섯 번째 얼굴 : 걱정은 불신이다

걱정 많은 사람 중에는 자신을 믿지 못하는 사람이 많다. 내가 제대로 해낼지 모르겠으니 염려되고, 내 운명을 믿을 수 없으니 그 또한 근심이다. 이러한 근심 걱정에서 벗어나려면 방법은 한 가지, 자신을 통제할 수 있어야 하는데 그것이 가능한 일인가? 앞으로 말하겠지만, 인생을 통제할 수 있다는 건 완벽한 망상이다. 그러나 그런 망상에 젖은 사람들은 통제할 수 없는 데 대해 큰 불안을 느끼고 이는 걱정의 악순환을 낳는다.

한편 타인에 대한 불신 역시 걱정의 요인이 된다. 경쟁과 대립의 관점에서 보면 세상은 결코 안전한 곳이 못 된다. 그래서 두려워지고 걱정이 많아지는 것이다. 타인과 세상에 대한 불신과 불안, 걱정은 심해지면 증오나 분노로까지 이어질 수 있기에 더욱 조심해야 한다.

다시 캐서린의 이야기로 돌아가 보자.

"당신의 불면증을 고치기 위해서는 걱정을 버려야 해요."

내가 이렇게 말하자 그녀는 난감한 얼굴로 물었다.

"저라고 시도해보지 않은 건 아니에요. 하지만 생각하지 않으려고 할수록 더 생각이 나는 걸요."

걱정과 결별하기 위해서는 욕망을 꽉 움켜쥔 손을 풀고, 자신과 타인 그리고 세상을 존중하며, 용서와 감사의 마음으로 인생을 대해야 한다. 타인의 시선이라는 기준에서 벗어나 가면을 벗고 진실된 나를 찾아야 한다. 이 책은 걱정은 물론이고, 삶의 발목을 잡고 있던 온갖 부정적 감정과 생각을 이 훌훌 털고 일어나는 방법을 알려줄 것이다. 그러면 소모적으로 사용되던 에너지를 훨씬 더 효율적으로 쓸 수 있다.

캐서린은 이후 차근차근 걱정에서 해방되는 방법을 배웠다. 어떠한 약물이나 고통스러운 훈련 없이 그녀는 오래 지나지 않아 불면증에서 벗어날 수 있었다. 구체적인 방법을 소개하기에 앞서 걱정의 실체에 관해 좀 더 알아보기로 하자. 옛말에도 지피지기면 백전백승이라 하지 않았던가.

우리는 왜 걱정에 사로잡히나

진정한 삶은 무사안일이 끝나는 지점에서 시작된다.
_닐 도널드 월시 Neale Donald Walsch

어린 시절 들었던 황금알을 낳는 거위 이야기를 기억하는가? 우리 머릿속에 '걱정'이라는 알을 낳는 거위들이 있다고 해보자. 미래, 사랑, 관계, 상실, 죽음 등……. 이들의 공통점은 구체적이고 뚜렷하며 확실한 것과는 거리가 멀다는 것이다. 또한 궁극적으로는 '변화'와 관련되어 있다. 변화에 대한 두려움은 거의 모든 사람의 머릿속에서 크든 작든 '걱정'을 낳는다.

키르케고르는 "사람은 열다섯 살이 되면 성장을 멈춘다"고 말했다. 나이를 더 먹어도 정신연령은 그 이상 성장하지 않는다는 것이다. 타고난 탐구심, 독립성, 변화에 대한 개방성은 더 이상 발달하지 않는다. 기존 방식을 고수하며 과거의 실수를 끊임없이 반복하면서도 현상 유지를 희망한다.

  정말 열다섯 살인지는 모르겠지만, 어느 나잇대가 지나면 변화가 별로 환영받지 못하는 존재가 되는 것만은 사실이다. 우리의 몸만 봐도 그렇다. 다이어트를 위해 독하게 운동과 식이요법을 해서 살을 빼더라도 얼마 못 가 원래의 몸무게로 돌아간다. 샐러리맨들이 가장 두려워하는 말 역시 '변화'이다. 조직 책임자가 "우리에겐 변화가 필요합니다"라고 말하면 모두가 분주하게 움직이는데, 실은 변화하기 위해서가 아니라 자기 자리를 지키기 위해서이다!

  그런데 변화란 피한다고 피할 수 있는 것이 아니다. 그리스의 철학자 헤라클레이토스는 "같은 강에 두 번 들어갈 수는 없다"고 말했다. 처음 들어갔을 때의 강물과 두 번째 들어갔을 때의 강물은 같은 강물이 아니다. 이미 아까의 물은 바위 위를 흘러갔고 물풀을 휩쓸었으며, 물속에는 다른 물고기가 노닐고 있다. 흐르는 강의 모든 것이 바뀌었다. 강이 달라진 것은 물론이고 들어간 사람의 기분이나 상황, 몸 상태도 다를 수밖에 없다. 같은 사람이 두 번 들어가더라도 강물에 대한 느낌이 두 번 다 같을 수는 없을 테다. 헤라클레이토스가 말한 강은 삶에 비유할 수 있다. 인생은 결코 머무르지 않으며, 계속해서 변화한다. 그리고 비슷한 상황에 처하더라도 그것을 대하는 우리의 자세나 그로부터 받는 영향의 정도는 매번 다르다.

걱정한다고 뭐가 달라질까

우리는 모든 것이 언제까지고 변하지 않을 것이라는 환상에 빠져 산다. 그래서 사랑하는 이가 떠나거나 절친했던 관계가 소원해지거나 신체에 변화가 생기거나 재산에 큰 변동이 일어나면 우왕좌왕하게 된다. 변화는 자연스러운 현상이지만, 우리는 이런 변화에 당황하며 심지어는 모욕감이나 배신감을 느끼기도 한다.

부동산업계에서 오래 일해 온 제시는 대도시의 특급 고객들만을 상대해온 베테랑 영업사원이었다. 그런데 뜬금없이 사는 곳으로부터 멀리 떨어진 중소도시로 발령을 받았다. 한 마디로 인사에서 물을 먹은 것이다. 젊은 직원들이 치고 올라오는 줄은 알았지만 회사가 이십여 년 근속한 자신을 이런 식으로 취급할 줄은 몰랐다. 제시는 삼십 분의 상담 동안 무려 여덟 번이나 "어떻게 내게 이럴 수 있지!"라는 말을 반복했다. 그의 감정은 분노와 낙담 사이를 오락가락했다. 그는 자신이 변화의 희생양이 되었다고 생각하다가, 변화를 거스르지 못한 자신을 패배자로 여기기도 했다. 진작부터 대비했어야 하는데, 자기 선에서 통제하지 못한 결과 속수무책 당했다고 말했다. 그는 미리 눈치챘더라면 변화를 막을 수 있으리라 여겼다.

제시를 보면 변화를 걱정하는 사람들의 심리 이면을 알 수 있다. 변화를 '통제 가능한 것'으로 생각하거나 통제하길 원하는 것이다. 앞서도 말했지만 걱정은 불안에 상상력이 가미된 결과이다. 즉, 사고(思考)의 형태를 띤 불안이다. 머릿속으로 그릴 수 있는 모든 종류의 나쁜 상황을 가정함으로써 그 일에 대비할 수 있다고 믿는다. 그러면서 걱정 많은 자신을 굉장히 신중한 사람이라 생각한다.

만약 제시가 전형적인 '걱정 많은 사람'이고, 그가 인사 발령이 나기 전에 변화를 감지했다면 어떤 일이 벌어졌을까?

좌천당할까 걱정한다. → '아니, 아예 해고당하면 어떡하지?'라는 데 생각이 미친다. → '아이들 등록금은? 집 대출금은 어쩌며, 당장 생활비는 어쩐다?' → '애들은 기숙사에 있으니 집을 팔아 작은 데로 옮겨야겠어. 그런데 요즘 부동산 경기가 엉망이라 제값을 받지 못하면?' → '그보다도 아내가 해고 사실을 안다면? 엄청나게 실망할 텐데.' → '아내가 나를 떠나면 어떻게 하지?'

→ (몇 주 후) 발령을 받는다. 해고는 당하지 않았고, 아내 또한 그를 떠나지 않았다.

불안이란 감정은 우리 마음속에서 변화란 위험한 것이며 익숙한 과거와 현재를 고수해야 안정된 삶을 살 수 있다고 속삭인다. 옛것이 옳고 새로운 것은 틀리다고 말한다. 그러나 변화가 없는 인생이야말로 위험하다. 정체된 것은 고여서 썩어버리기 때문이다.

변화는 우리를 성장시키며, 삶에 발전을 가져올 터닝포인트가 되어준다. 아이가 앉은 다음에 기어가고, 기어간 다음에 두 발로 서서 걷는 것처럼 변화가 없으면 발전하지 못한다. 변하지 않으면 아이는 영원히 일어설 수 없고 충족된 삶을 살 수 없다. 변화는 우리의 친구이자 삶이 주는 선물이다. 변화를 발전의 필수 요소로 생각하는 법을 배워야 선물을 받을 수 있다. 반면에 걱정은 우리에게 아무런 선물도 주지 않는다. 오히려 다른 생산적인 일을 할 시간과 에너지를 앗아갈 뿐이다.

♀ '변화 = 상실' 이란 두려움은 망상에 불과하다

제시는 변화로 인해 그때까지 명성과 직위, 거래처 등을 잃었다고 생각했다. 그러나 시간이 조금 흐른 후 그는 발령받은 중소도시에서 새로운 발전 가능성을 발견했다. 도시는 빠르게 발전하고 있었고 계속해서 외지 인구가 유입되고 있는 데 반해 임대 공간이 부족하다는 사실을 깨달은 것이다. 그는 아예 회사를 그만두고 창고를 사들여 비교적 저렴한 가격에 개조해 임대하는 사업을 시작했다. 몇 년 후 그의 사업은 완전히 자리를

잡았고 아내는 물론이고 큰아들까지 사업에 참여하기 위해 그
도시로 이주해왔다. 원래 회사에 계속 있었다면 정년퇴직을 맞
았을 즈음이었다.

　변화하면 무언가를 잃는다는 두려움에 많은 이가 변화를 걱
정하지만, 변한다고 해서 잃는 것은 없다. 변화는 단지 변화일
뿐이다. 사람들은 변화를 새로운 삶과 성장을 일굴 기회로 보
지 않고 자신이 사랑한 과거를 빼앗아 가는 악당으로 여긴다.
그러나 진정으로 소유한 것은 어느 누구도 앗아가지 못한다.
제시는 본사의 커다란 사무실을 포기해야 했지만, 그것은 제시
의 타고난 영업력과 사업수완과는 아무 관련도 없었다. 그가
분노하기까지 했던 변화를 통해 그의 재능은 오히려 새로운 전
기를 맞았다. 반면 본래 자신의 것이 아니라면 아무리 지키려
고 노력한들 그것은 본래 속한 자리로 돌아가게끔 되어있다.
우리는 변화에 대한 두려움으로 걱정에 사로잡히지만 실은 그
두려움 자체가 공상에 불과한 것이다.

🌱 특히 어떤 변화에 거부감을 느끼나

　당신의 걱정 또한 그 근원을 찾아 들어가면 변화에 대한 두려
움과 마주할 수 있을 것이다. 사람마다 거부감을 가지는 변화

의 종류가 다른데, 특히 자신이 어떤 종류의 변화에 불안을 느끼는지 점검해보도록 하자.

1 내가 사람들의 기대에 미치지 못할까 두렵다. ☐

2 사람들로부터 엄격하다는 말을 듣는 편이다. ☐

3 계획대로 되지 않거나 예상과 다르면 많이 당황하거나 화가 난다. ☐

4 무언가에 소위 '꽂히면' 그에 관한 생각을 멈출 수 없다. ☐

5 어떤 행동이나 선택에 앞서 반드시 그 결과를 예상해본다. ☐

6 '아니오'라는 말을 잘 하지 못한다. ☐

7 타인의 반응이 신경 쓰여 잠을 이루지 못한 적이 있다. ☐

8 친구나 연인, 배우자의 눈치를 보는 편이다. ☐

9 누군가 나를 좋아하지 않으면 그가 미워진다. ☐

10 외로워질까 봐 두렵다. ☐

11 매일 몸무게나 주름진 정도 등 외모를 점검한다. ☐

12 내가 생각해도 건강염려증이 있는 것 같다. ☐

13 나 자신이나 타인의 갑작스러운 죽음에 대해 생각하곤 한다. ☐

14 가끔 끔찍한 일들(사고, 상해, 살인 등)을 상상한다. ☐

15 '늙는다'는 말에 대해 부정적인 감정을 느낀다. ☐

1~5번과 6~10번, 11~15번 문항은 각각 변화를 통제하고 싶

은 마음, 관계 변화에 대한 불안, 나이 듦과 죽음이라는 변화에 대한 두려움과 관련이 있다.

1~5번에 2개 이상 체크했다면 당신은 완벽주의자에 가깝다. 자기 스스로는 변화에 능동적인 사람이라 생각할 수도 있지만, 내면 깊은 곳에서는 변화에 대한 거부감이 강하며 어떻게 해서든 상황을 통제하에 두려 한다. 당신의 걱정은 변화에 대한 통제가 불가능하므로 발생하는 것이다. 변화를 느긋하게 받아들이며 내버려둘 필요가 있다.

6~10번에 2개 이상 체크했다면 관계나 타인에 대한 불안감이 강한 사람이다. 연인이나 배우자, 친구, 동료의 작은 태도 변화에도 민감하게 반응하며 걱정이 꼬리에 꼬리를 물고 있을 가능성이 높다. 그러나 인간관계는 결코 고정되지 않는다. 이 사실을 받아들여야 한다.

11~15번에 2개 이상 체크한 사람은 죽음이나 나이 듦에 대한 불안이 특히 크다고 하겠다. 나이 든다는 것은 거스를 수 없는 변화이며, 죽음은 삶이 종료되고 영혼으로 돌아가는 대전환이다. 늙고 병들어 죽는 것에 대한 두려움에서 완전히 자유로운 사람은 아무도 없다. 그러나 대부분은 가끔 씁쓸한 기분을 느끼며 그것을 흘려보내지, 그에 관해 걱정하느라 인생을 소비하지 않는다. 당신이 걱정으로 시간을 보내고 있을 사이, 다른 누군가는 남은 삶을 새로운 경험과 환희로 채우고 있다.

자신이 주로 어떤 변화를 걱정하는지 알았다면, 이 책을 통해
걱정과 결별하기 위한 연습을 하는 동시에 관련 주제에 관한
책을 읽거나 강의를 들으며 두려움을 상쇄시키는 것이 좋다.

걱정은 어떻게 인생을 지배하는가

불안은 안락의자와 같다. 무엇을 할지는 제공하지만
아무 데도 데려다 주지 않는다.
_조디 피콜트 Jodi Lynn Picoult

일상의 평안을 깨뜨리는 요소는 무수히 많다. 폭풍이나 전염병, 경기 침체와 같이 개인의 범위를 벗어난 원인으로 인해 고통과 손실을 볼 수 있다. 또 직장을 잃거나 육체적 상처를 입을 수도 있고, 질병에 걸리거나 누군가로부터 공격당할 수도 있다. 그래서 사람들은 제각기 보험에 들고 안전한 집을 마련하고, 금융자문을 받기도 하며, 예방주사를 맞거나 체력을 단련한다.

불안 요소에 대비하는 것은 좋은 일이다. 그러나 거기에 너무 생각을 집중해서는 안 된다. 앞서도 말했지만 불안, 공포, 두려움 같은 부정적 감정에 사고가 더해지면 결국 '부정적인 공상'으로 부풀어 오른다. 부정적인 생각을 지속하는 것은 부정적인 감정에 먹이를 주는 것과 같다. 그 결과, 자기 스스로 평안을 깨뜨리고 만다.

반복강박은 불안의 악영향을 보여주는 대표적인 예이다. 오스트리아의 신경외과 의사이자 정신분석학의 창시자인 프로이트는 '반복강박repetition compulsion'이라는 심리현상에 대해 다음과 같이 말했다.

"반복강박은 엄청난 고통과 정신적 충격을 받았음에도 과거에 행한 일이나 관계를 반복하고, 그 충격을 인식하거나 이해하지 못하는 무의식적 강박행동이다. 반복강박으로 인해 무의식적이고 자동적으로 똑같은 상황을 연출하고 똑같은 결과를 얻게 된다. 깊은 내면에서 '이번에는' 다른 결과를 얻을 수 있길 바라지만, 다른 결과가 나오는 경우는 거의 없다. 아무것도 변하지 않고 똑같은 반응을 하기 때문에 결과 또한 달라지지 않는다. 아무런 변화가 일어나지 않으면 옛 방법, 믿음, 기대가 우리를 지배한다. 반복강박에 사로잡힌 사람은 같은 상황과 관계가 반복되고 아무것도 변하지 않는 상황을 발견하면 엄청난 고통 속에 빠진다."

보다 명확히 이해하기 위해 다음 이야기를 보자. 이드리드 샤흐가 전하는 수피교 이야기이다.

한 남자가 엄청나게 시큼한 채소절임이 담긴 항아리를 안고서 신 나게 채소절임을 먹고 있었다. 그는 채소절임을 입안 가득 넣고 씹을 때마다 너무 시큼해서 눈물까지 흘렸다. 그는 눈 뜨고 봐줄 수 없을 정도로 얼굴을 찡그리며 채소절임을 먹었다. 그 모습을 본 친구가 다가와서 물었다.

"왜 그렇게 신 채소절임을 계속해서 먹고 있는 건가?"

"언젠가는 달콤한 채소절임이 나올 게 아닌가. 그걸 기다리고 있다네."

이 남자는 다른 항아리의 채소절임을 먹거나 다른 음식을 먹는 등의 노력은 전혀 하지 않고 똑같은 행위만 계속하고 있다. 희박한 결과에 기대를 걸고, 힘겹고 어려운 행동을 반복하면서 달콤하고 즐거운 결과를 얻고 싶어 한다. 이것이 반복강박이다. 다른 행동은 전혀 할 수 없는 불안의 포로가 되어버린 것이다. 불안이 삶을 지배하면 새로운 삶의 가능성을 탐구할 수 없다. 기계처럼 자동적으로 반응하며 살아갈 뿐이다. 본래 가지고 있던 항아리를 두고 다른 항아리의 채소절임을 먹어보려는 시도조차 하지 않으며, 몇 발자국 옆에 있는 항아리에 달고 맛있는 채소절임이 있을 거라고는 꿈에서조차 생각하지 못한다.

불안은 반복강박을 좋아한다. 불안은 우리에게 정해진 사회, 인종, 종교의 테두리 안에서만 생활하고 그 밖의 다른 것, 즉 변화를 경계하라고 경고한다. 타인은 위험한 존재이기 때문에 항상 의심의 눈초리로 보며 사정거리를 유지해야 한다고 속삭인다. 그리고 타인의 마음을 부정적으로 추측하거나, 자신이 한 일에 대해 어떤 보복이 돌아오지는 않을지 예상하게 만든다. 그런 생각에 빠져듦으로써 자신을 지킬 수 있다고 유혹한다.

많은 사람이 그러한 유혹을 떨쳐버리지 못한다. 걱정은 단지 머릿속에서 벌어지는 일일 뿐 현실에 아무런 영향도 미치지 못한다는 사실을 잘 알더라도 말이다. 걱정 때문에 고민해본 사람이라면 알겠지만 걱정은 '걱정하지 마'라는 짧은 말 한마디로 그칠 수 있는 문제가 아니다. 그것은 우리 내면에 딱 달라붙어서 좀처럼 떨쳐지지 않는데, 이유는 바로 불안과 걱정 간의 떼려야 뗄 수 없는 관계에 있다.

🌱 우리는 불안을 너무 모른다

걱정을 떨쳐내기 위해서는 우선 불안의 메커니즘을 알 필요가 있다. 불안의 기원은 지금으로부터 수만 년 전 인류가 출현한 시점으로 거슬러 올라간다. 그 시절 우리 조상은 가진 것이 없었다. 특별히 빠르지도, 날카로운 이빨이나 발톱 같은 선천적 무기를 가지고 있지도 않았다. 가진 것이라곤 약간의 사고력과 신으로부터 부여받은 불안 본능이 다였다. 불안 본능이란 간단히 말해 "도망쳐야 해!"라는 직관이다. 그렇다, 우리 조상들은 뭔가 위험이 느껴진다 싶으면 일단 뛰었고 냅다 숨었다.

그것이 목전에 다가온 실질적인 위험이 아니라도 말이다. 맹수를 눈앞에 마주하고서 그제야 도망쳐서는 결코 살아남을 수 없었기에, 인간은 위험을 예감하는 본능을 부여받은 것이다.

불안감은 인간과 동물을 구분하는 요소이다. 대개의 동물은 눈앞의 천적에 겁을 먹는다. 그에 비해 인간은 앞으로 일어날지 안 일어날지 모르는 일에 불안을 느낀다. 닥치지 않은 일을 예상하고, 안전을 깨뜨릴 미래의 가능성에 대비하는 것이다.

위험과 관련된 보다 확실한 신호를 전달하기 위해 불안은 육체적 반응과 정신적 반응을 동반한다. 육체적 반응이란 불쾌감, 빠른 심장박동, 발한, 오한, 가쁜 호흡 등이다. 정신적 반응으로는 극도의 긴장, 공포, 두려움 등이 있는데 여기에 사로잡히면 이성은 완전히 제힘을 잃고 만다. 아래 이야기를 보자.

어느 날, 한 산사에 큰 지진이 일어났다. 지면이 심하게 흔들리고 건물이 무너져 스님들이 혼비백산했다. 그 순간, 주지 스님은 침착하게 모두를 산사 내에 가장 안전한 지대인 부엌으로 이끌었다. 잠시 후 모든 것이 잠잠해지자 주지 스님이 이렇게 말했다.

"위기의 순간에 어떻게 대처해야 하는지를 충분히 배울 수 있었던 시간이었소. 나는 위태로운 상황에서 어떻게 대응해야 할지를 알고 있었지. 부엌으로 대피해서 모두가 무사하니, 과연 옳은 대응책이었다고 할 수 있소. 내 평안함이 무너진 것은 아니지만, 나도 사람인지라 좀 긴장은 되더이다. 그래서 평소와 달리 이렇게 물을 많이 마셨지."

그러자 한 스님이 입가에 미소를 띠었다.

"무엇이 그리 재미있는가?"

주지 스님이 물었다.

"스님이 들고 계신 것은 물통이 아니라 간장통입니다."

불안에 사로잡힌 순간, 우리의 판단력은 물과 간장을 구분하지 못할 정도로 흐려진다. 몸과 정신은 빠른 속도로 마비되고, 어떻게 대응할지조차 생각할 수 없게 된다.

이러한 불안감은 다행히도 대개 순간에 그친다. 위험을 느낀 그 시점을 지나면 불안이 사라지고 뻣뻣하게 긴장되었던 근육이 풀리며 정상적인 사고로 돌아온다. 그런데 불안감이 우리 내면에 만성적으로 자리 잡아 온갖 걱정 근심을 만들어내는 것은 왜일까?

🌱 걱정의 힘이 센 이유

여기서 이성이 등장한다. 호모사피엔스, 다시 말해 '생각하는 사람'이라는 종명(種名)에서도 알 수 있듯 이성은 인간을 동물과 구분 짓는 또 다른 특성이다. 이성은 가능한 완벽과 정확성을 추구하며, 준비하고 계획하기를 좋아한다. 그러나 계획이란 100퍼센트 예상대로 작동되는 경우가 별로 없다. 예상과 다르게 흘러가는 것, 통제하지 못하는 것은 이성이 가장 싫어하는 것 중 하나이다. 이를 방지하기 위해 우리 이성은 가능한 많은 경우의 수를 예상함으로써 실패 확률을 줄이고자 한다.

그런데 생각이 깊고 복잡해질수록 불확실감이 고개를 쳐든다. 미처 챙기지 못하고 놓친 부분이 있을 수도 있고 올바른 결정이나 선택이 아니었을지도 모른다는 생각이 드는 것이다. 이러한 불확실감은 불안으로 이어져, 마침내 불안(본능)과 생각(이성)은 내면에서 결합된다.

그 결과 이성과 불안은 함께 '혹시 모를 위험을 없애자'고 목소리를 높이기 시작한다. 이성은 상상력을 발휘해 위험과 관련된 가능한 많은 경우를 생각해내는데, 불안과 만나 폭주하기 시작하면 때로 굉장한 창의력을 발휘한다. 있을 법하지 않은 위험까지도 상상해내는 것이다. 그리고 불안은 마음속에서 그것에 반응하라고 종용하며, 절대 무시할 수 없도록 우리를 몰아간다.

이것이 걱정의 정체이다. 걱정은 생각의 형태를 띠고 있지만, 사실 그것의 뿌리는 불안이다. 그 기저에 불안이라는 생존 본능이 있기에 걱정이 그렇게 힘이 센 것이다. 아무리 건망증이 심한 사람이라도 한 번 걱정하기 시작하면 좀처럼 잊지 못한

다. 걱정이 많아 힘들어하는 사람에게 "걱정하지 마! 잘 될 거
야!"라고 말해봤자 걱정을 떨치지 못하는 이유이기도 하다. 그
러므로 내면 깊숙한 곳의 불안을 잠재우는 한편 불안을 일으키
는 마음의 요소들(집착, 망상, 경쟁심, 증오, 완벽주의 등)을 삭
제해나가야 한다. 그래야만 걱정에서 자유로워질 수 있다.

왜 걱정 많은 사람은 성공하기 힘들까

진짜 고난은 극복할 수 있다.
정복할 수 없는 것은 오로지 상상 속 고난뿐이다.
—테오도르 베일 Theodore N. Vail

걱정을 없애야 하는 또 다른 이유는 그것이 우리가 일생에 걸쳐 기다려온 기회를 놓치게 만들고, 이제까지 해온 무수한 생산적인 생각과 고민의 가치를 무색하게 하기 때문이다. 한마디로 걱정은 우리의 성공을 방해한다. 한 이탈리아 경영 연구소의 조사결과에 따르면, 최고경영자나 핵심 인원 중 '걱정 많은 사람worrier' 유형의 비율이 평균 이상인 경우 10년 내 생존 확률은 그렇지 않은 경우에 비해 25퍼센트 정도 낮았다. 여기서 회사를 개인으로 바꾸면, 평균보다 걱정이 많은 사람은 그렇지 않은 사람들에 비해 성공할 확률이 낮다는 이야기가 된다. 또한 미국의 CDR사정그룹은 35개 기업의 직원 15만 명을 대상으로 조사한 결과, 여성의 65퍼센트가 '걱정 많은 사람' 군에 속했고 그것이 여성의 승진을 가로막는 중요한 요인이라고 평가했다. 보고서들이 말하는 '걱정 많은 사람이 성공과 멀어지는 이유'에 대해 살펴보자.

🌱 방향성을 자주 잃어버린다

커리어를 발전시켜 나가기 위해서는 좋은 나침반을 가지고 있어야 한다. 자신의 목표를 향해 차근차근 성과를 쌓아나갈 때 비로소 상층부에 다다를 수 있다. 이때 올바른 방향을 알고 지향점을 견지하는 것이 매우 중요하다. 그런데 걱정이 많다는 것은 쓸데없는 생각이 많은 것과 일맥상통한다. 일단 걱정이 시작되고 그것을 적절히 멈추지 못하면, 생각은 원래 방향을 잃고 완전히 다른 길로 나아가기 쉽다. 길을 잘못 든 자동차처럼 걱정 많은 사람과 함께 일하면 나아갈 곳을 잃고 엉뚱한 길을 헤매게 될 가능성이 있다.

🌱 소심하고 무기력해지기 쉽다

걱정 많은 사람이 내향적인 경우 걱정은 그를 더욱 소심하고 조용한 사람으로 만든다. 때때로 심한 걱정은 근육의 긴장이나 발열, 오한 같은 신체적 증상을 동반하는데 이것이 그로 하여 금 다른 사람들의 눈을 더욱 신경 쓰게 한다. 걱정하느라 안절부절못하는 자신의 모습을 남들이 어떻게 볼까 다시 걱정하는 악순환이 발생한다(누군가는 그런 모습을 안타깝게 여기고 또 누군가는 한심하게 생각할지 모른다. 어찌 되었든 좋게 비치진 않을 것이다). 게다가 '잘 안 되면 어떻게 하지' 라는 걱정이 지속되면 '어차피 잘 안 될 텐데' 라는 결론에 다다르게 된다. 걱정 많은 사람이 스스로 그 걱정을 타개하고, 용기를 내어 도전하는 경우는 매우 드물다. 주변 사람의 도움이나 업무 과제에 대한 압박 등으로 인해 도전하더라도 '어차피 안 될 텐데' 라는 생각이 전제되니 무기력하게 임하기 쉽다.

● 행동이 느리다

걱정 많은 사람들은 99퍼센트 생각 중독자들이다. 철저하게 준비하지 않으면 마음이 안정되지 않고, 한 가지 생각을 두 번 세 번 곱씹고서야 다음 생각으로 넘어간다. 이 정도에서 그치면 좋으련만 걱정 많은 생각 중독자들은 한발 더 나아가 "너무 많은 공부와 검토, 그리고 그에 상응하는 느린 행동으로 업무

진행을 방해한다." 그들에게 완벽한 준비란 있을 수 없다. 아무리 준비해도 미처 준비하지 못한 무언가가 생각나기 때문이다. 만약 떠오르지 않으면 '뭔가 놓친 게 있을지 몰라'라는 생각에 괴로워한다. 생각이 너무 많다 보니 행동은 제약을 받는다. 간단한 일을 처리할 때도 실제 업무처리 시간의 두 배 이상을 그 일에 관해 생각하느라 보내기 때문에 직장 동료나 상사가 보기에는 느리게 느껴질 수밖에 없다.

예로부터 역사에 전기가 될 만한 도전을 감행한 사람들은 대체로 겁이 없었다. 용감하고 무슨 일이든 단순하게 생각하고 빠르게 행동했다. 덕분에 그들은 첫 번째로 족적을 남길 수 있었고 지금까지 이름이 전해지고 있다. 일례로 알렉산더 그레이엄 벨은 전화기를 처음으로 발명한 사람이 아니다. 때로는 시대가 발명품을 만들어내기도 하는데 전화기가 그런 종류였다. 벨뿐만 아니라 여러 연구자들이 전화기 아이디어를 놓고 경쟁하고 있었던 것이다. 벨과 거의 비슷한 시기에 엘리샤 그레이도 전화기를 발명했다. 그러나 특허 신청에서 벨이 간발의 차이로 앞섰다. 당시 벨이 낸 특허신청서는 사실 완벽한 것이 아니었지만, 동시다발적인 연구가 행해지고 있음을 알았기에 벨은 그레이가 특허 신청서를 다듬을 사이 먼저 그것을 제출해버렸다. 벨의 사례가 다소 비신사적으로 비칠 수도 있다. 누군가는 그가 다른 사람과 동등한 수준의 특허 신청서를 작성했어야 한다고 생각할지도 모른다. 그러나 만약 당신이 사업가이고, 누가 기회를 선점하느냐에 거액이 달려 있다면 어떤 선택을 할 것인가? 장담하건대 당신의 보스 역시 (비윤리적이지만 않다면) 전혀 개의치 않을 것이다.

성공을 위해서는 빠른 판단력과 민첩함, 그리고 때로는 약간의 뻔뻔함을 필요로 한다. 이런 면에서 걱정 많은 사람은 확실히 불리하다.

🌱 위험 관리에 취약하다

걱정 많은 사람은 위험 가능성에 대해 생각하느라 막상 닥친 위험에 제대로 대응하지 못한다. 걱정에는 '행동'이란 개념이 누락되어 있다. 그러나 위험 관리란 '위험에 대해 생각하는 일'이 아니다. 위험을 대비하거나 맞이하여 실질적으로 움직여야 하는 일이다. 상대나 상황은 이쪽 사정을 봐주지 않는다. 금융 위기를 예로 들어보자. 금융 위기가 문을 똑똑 두드리고 '지금쯤 방문해도 될까'라며 예의 바르게 왔더라면 얼마나 좋았을까. 그랬다면 많은 사람이 큰 손실은 면했을 것이다. 그러나 실상은 언제 다가왔는지도 모르는 사이 등 뒤에 서서 우리를 놀라게 했고 놀란 심정을 가라앉히기도 전에 통째로 덮쳐오지 않왔던가. 걱정, 즉 위험에 대한 생각이 너무 많아서는 이런 일촉 즉발의 상황에 신속히 대처할 수가 없다. 위험 관리에 필요한 자질은 걱정이 아니라 빠르고 정확한 판단력과 결정력, 그리고 수렁에 발이 깊이 빠지기 전에 지체 없이 움직이는 행동력이다.

🌱 평판에 악영향을 미친다

어떤 사람들은 자신이 남들보다 걱정이 많은 유형이라는 데 으쓱해 한다. 마음은 무거울지언정, 다른 사람에 비해 더 신중하고 날카롭다고 여기는 것이다. 남들이 생각해내지 못하는 온갖 종류의 위험을 감지해내니 회사 입장에서도 자신만 한 인재가 없으리라 뿌듯해하기도 한다. 그러나 현실은 정반대일 가능성이 높다. 걱정 많은 사람이 외향적인 경우, 동료들은 그를 모든 일에 부정적인 면을 찾아내는 비관론자라고 여기기 쉽다.

마크는 선친 대로부터 이어져 온 지역 유통업체를 이끌고 있다. 그는 직원을 뽑을 때 '만약'이라는 말에 관해 어떻게 생각하는지를 묻는다고 한다.

"내가 이 질문을 하는 이유는 단 한 가지입니다. 비관론자들을 걸러내기 위해서죠. 만약이라는 말에 이어서 바로 '어떻게 하지' 라는 생각이 떠오르는 사람은 회사가 원치 않는 훼방꾼이기 쉽습니다. 그런 사람들은 안 좋아질 가능성만 생각하지, 좋아질 가능성에 대해서는 주의를 기울이지 않죠. 그들은 문제를 위해 문제를 제기합니다. 발전에 도움이 되지 않을뿐더러 동료들의 사기마저 저하시킵니다."

걱정이 많으면 말 그대로 신경이 '날카로워질' 수 있다는 것 또한 평판을 악화시키는 요인이다. 걱정은 불안과 함께 오고, 불안은 크든 작든 신체적·정신적 징후들을 동반한다. 예를 들어 다른 사람에 대한 공격성이 높아지며, 화를 내기 쉬운 상태가 된다. 입이 마르고 머리가 아프며 호흡이 빨라지고, 심하면 근육통이나 현기증, 피로를 느끼기도 한다. 이런 상황에서 동료들을 너그럽게 대하거나, 리더십을 발휘하기란 쉽지 않다.

🌱 기회를 제대로 활용하지 못한다

기회는 언제나 몸을 낮추고 다가오기에 잘 보이지 않는다는 말이 있다. 우리는 기회가 엄청난 거인이리라 상상하며, 저 멀리서부터 오고 있지 않은지 살피지만 기회는 대개 우리 시선 아래서 살금살금 다가온다. 마주치더라도 이것이 기다리던 기회인지 아닌지 판단하기가 쉽지 않다. 때로는 소소해 보였던 기회가 일생일대의 터닝포인트가 되기도 한다.

그런데 걱정은 우리의 시선을 항상 멀리 향하게 한다. 과거 아니면 미래로. 때문에 걱정 많은 사람은 목전의 기회를 놓치기 쉽다.

기회가 오래 머무르지 않는다는 점도 걱정 많은 사람에게 불리하다. 걱정이 많으면 즉각적인 행동이 어렵다. '이 기회를 잡았다가 다른 더 좋은 기회가 찾아오면 어떻게 하지' '만약 이 일을 제대로 해내지 못한다면 오히려 평판이 나빠지지 않을까' 같은 생각으로 시간을 보낸다. 그러나 기회는 우리 응접실에 머무는 손님이 아니다. 대꾸가 없으면 현관 문 앞에서 지체 없이 발걸음을 돌려 다른 주인을 찾아갈 것이다.

걱정은 행복을 방해한다

내일도 살아남고 싶다는 열망이
오늘을 살 수 없게 만든다.
_장자

소설가 앙드레 지드는 "추억만큼 행복을 방해하는 것은 없다"고 말했다. 그의 이 명언에는 행복에 관한 진리가 담겨있다. 행복은 과거가 아닌 현재에 있다는 것이다. 이는 "행복은 과거의 일을 기억하지 못하며 미래를 생각하지도 않는다. 행복은 오로지 현재, 바로 이 순간에만 존재한다"고 한 이반 투르게네프(러시아의 소설가)의 말과도 일맥상통한다. 행복에는 어제도 내일도 존재하지 않는다. 우리가 행복하지 못한 가장 큰 이유는, 행복이 발아래 있는데 망원경을 들고 멀리서 그것을 찾고 있기 때문이다.

🌱 행복은 단순한 행위에 존재한다

우리가 행복한 기분을 느끼는 것은 뇌 작용과 깊은 관계가 있다. 편안하고 즐거운 기분을 느끼게 하는 호르몬은 세로토닌이라고 하는데, 세로토닌이 분비되려면 일단 휴식을 만끽해야 하며, 주위 사람들과 교감하고, 자연을 느끼며, 숙면을 취해야만 한다. 이처럼 세로토닌은 밥 먹고 걷고 말하는 단순한 행위를 하는 동안 분비된다. 행복은 멀리 있지 않다는 말은 결코 거짓이 아닌 것이다.

그런데 현대인들은 그러한 단순한 일상 행위에 집중하지 못한다. 식사를 하면서도 텔레비전을 보거나 스마트폰을 만지작거리고, 잠자리에 누우면 낮 동안 다 하지 못한 일 생각에 한참을 뒤척인다. 잠깐의 휴식시간에도 '이따가 거래처에 전화해야 하는데' '내가 이번 달 보험료를 냈던가 안 냈던가' '아이가 유치원에서 잘 적응하고 있을까' 등등을 생각하느라 바쁘다. 이런 식은 행복은 물론이고 건강에도 좋지 않다. 오죽하면 의사들이 텔레비전에 나와 잡생각을 그만하고 밥 먹을 때는 씹는 행위에, 걸을 때는 주변 경관에 집중하라고 조언하겠는가.

아이들 뒤치다꺼리하느라, 까다로운 상사 비위 맞추느라, 먹통이 된 네트워크 시스템과 씨름하느라 등등 쉽지 않은 하루를 보내느라 고생하다 보면 머릿속이 생각으로 가득 차는 것도 무리는 아니다. 그러나 대개는 아이의 웃음이나 배우자의 미소, 정말 좋아하는 음식이나 소설책과 마주하면 '생각'이란 무장을 해제하고 순간에 집중하기 마련이다. 그러나 걱정이 지나치면 결코 그 순간을 100퍼센트 즐기지 못한다. 걱정은 머릿속 생각을 지금 여기가 아니라 과거나 미래로 향하게 만들기 때문이다.

게다가 세로토닌은 효과가 지속되는 시간이 길지 않다. 기껏해야 30분에서 한 시간 정도이다. 순간적으로 행복을 느끼더라도, 걱정에 생각을 쏟다 보면 세로토닌의 효과는 금세 사라지고 만다. 행복이 잠시 왔다 만끽할 새도 없이 모습을 감추는 것이다.

🌱 당신이 여전히 행복하지 못한 이유

현대인들에게 행복이 일종의 과제가 된 지 오래다. 우리는 틈만 나면 행복에 관한 책을 읽고, 보다 궁극적으로 행복해질 방안을 모색한다. 돈 문제 있는 사람들은 돈 걱정만 없으면 행복할 것 같다고 생각한다. 싱글들은 연인을 만나기만 하면, 연인들은 결혼만 하면, 결혼한 사람들은 또 이 웬수와 헤어질 수만 있다면 행복하겠다고 말한다. '내가 가진 문제만 사라진다

면' '내가 가지지 못한 것을 갖게 된다면' 행복해지라 생각하다
가, 결국 문제가 결국 해결되지 않거나 욕망하는 것을 손에 넣
지 못할까 봐 전전긍긍하는 상태에 이른다. 걱정 많은 사람이
행복을 소망하다가 좌절하기까지의 사고과정을 살펴보자.

A라는 문제만 없다면 행복할 텐데. **소망** → 그런데 문제를 해결하지 못
하면 어떻게 하지? **걱정** → 문제를 해결하려다가 오히려 상황이 더 나빠
질지도 몰라. **걱정의 비약** → (A란 문제를 풀었더라도) 그 문제는 해결됐지
만 행복을 가로막는 또 다른 문제가 있어. 난 결국 영영 행복해지지 못할
거야. **좌절**

위의 예시에서도 알 수 있듯, 걱정거리가 해결된다 해서 행복
으로 직행할 수 있는 것은 아니다. 걱정 많은 사람은 반드시 다
른 걱정거리를 찾아낸다. 제 꼬리를 잡으러 뱅뱅 도는 강아지
처럼, 이런 사고는 영원히 행복에 도달할 수 없게끔 만든다. 이
때 행복을 방해하는 것은 어떤 문제나 물건이 아니라 그 자신
의 생각이다.

마리는 열네 살에 자신이 너무 뚱뚱하다는 이유로 불행하다
고 느꼈다. 그녀는 이를 악물고 1년 반 만에 무려 12킬로그램
을 뺐다. 주위 사람들이 예뻐졌다고 하니 잠시 우쭐한 기분은
들었지만 그렇게 행복하지는 않았다. 몇 년 후 마리는 미용사

자격증을 땄다. 좋아하는 일을 하면 인생도 즐거워지리라 생각했기 때문이다. 십여 년이 지나고, 노력 끝에 지역 업계에서 인정받았으나 제대로 된 삶이라는 느낌은 여전히 들지 않았다. 그녀는 이제 꿈에 그리는 남자가 나타나기를 고대하며 하루하루를 살아가고 있다. 위대한 사랑이 인생에 의미를 찾아주고 진정한 행복으로 이끌어주리라 믿으면서.

짐작했겠지만, 그 남자는 벌써 이십 수년째 그녀 앞에 나타나지 않고 있다. 마리는 그런 남자가 영영 나타나지 않을까 봐, 그래서 앞으로도 오랫동안 행복해질 수 없을까 봐 걱정이다. 또한 그녀는 '남들처럼 평범하게 살지 못할까 봐' '운명이 자신을 배신할까 봐' 등등 걱정이 많은 편인데 이 모든 걱정거리를 합치면 결론은 '영영 행복해지지 못하면 어떻게 하지'라고 할 수 있다. 이와 관련해 얼마 전에는 새로운 걱정거리 하나가 추가되었다. 필자가 '운명적인 사랑이 행복으로 가는 직행열차가 될 수는 없다'고 말하자 그녀는 "그때는 다른 열차를 찾아야겠죠"라며 이렇게 덧붙였던 것이다.

"어젠 다큐멘터리를 보는데 화가 나고 조바심도 들더군요. 거기 나오는 사람들은 다들 자기 삶에 만족하며, 땀을 뻘뻘 흘리면서도 행복한 표정을 지었어요. 모두 자기 인생의 의미를 찾은 것 같은데 전 대체 어디서 인생의 의미를 찾아야 하죠? 남자든 일이든 제 삶을 충만하게 만들 의미를 찾으면 그게 행복의

열쇠가 될 것 같은데, 그 열쇠를 찾을 기회가 제게 오지 않으면
어떻게 해요?"

🌱 실종된 행복을 찾습니다

누누이 말하듯이 행복은 가까이에 있다. 저 하늘의 별빛이나
달빛이 아니라, 발아래 반딧불이에서 찾을 수 있는 것이 바로
행복이다. 인생의 의미나 위대한 사랑 같은 것이 아니라, 밥 먹
고 잠자고 숲길을 걷는 단순한 행위에 존재한다. 행복해지고
싶다면 멀리로 향하던 시선을 지금 바로 여기, 내 주변으로 돌
려야 한다. 미래나 과거와 관련해 걱정 가득한 머릿속을 비우
고 지금 이 순간의 행복을 받아들일 수 있어야 한다.

또한 행복을 목표로 삼고, 그 길로 가는 길에 장애물들을 없앤
다는 식의 발상에서도 벗어나야 한다. 앞서도 말했지만 행복에
직행으로 도달하는 건 불가능하다. 그런데 우리는 이것을 목표
로 삼고 있다. '행복해지려면 무엇을 가져야 한다' '행복해지기
위해 어떤 문제를 없애야 한다' 는 식으로 생각하며 삶의 단면
만을 본다. 그러나 행복을 목표로 삼으면, 역설적으로 절대 행
복해질 수 없다. 목표를 갈구하다 보면 그것을 얻지 못할까 불
안해지고, 불안하면 걱정하게 되며, 걱정하다 보면 행복보다는

불행에 가까워지는 악순환이 반복된다. 게다가 머릿속 걱정 회로는 완벽주의를 추구하기 때문에, 한 번 가동되기 시작하면 한 가지 문제가 해결되더라도 반드시 다른 문제를 찾아낸다. 생길지 안 생길지 모르는 일들을 두려워하느라 지금 코앞의 기쁨과 재미가 눈에 들어오지 않는다. 이런 악순환의 수렁에 빠져들면 행복이 단순한 일상에 존재한다는 사실을 완전히 잊고 만다.

문제도 해법도 모두 당신 안에 있다

> 현명한 사람은 큰 불행도 작게 처리하고,
> 어리석은 사람은 작은 불행도 확대하여 큰 고민에 빠진다.
> _라 로슈푸코 La Rochefoucauld

클라라는 인간관계에 대한 걱정이 유달리 많았다. 외로움에 대한 불안감이 그녀의 문제였다. 그녀는 외롭지 않기 위해 발버둥 쳤으며, 항상 남들의 기대치에 맞추며 누구에게라도 호감을 사기 위해 노력했다. 그러던 어느 날 복도를 지나던 클라라는 우연히 회사 동료들이 자신에 관해 이야기하는 것을 들었다. 그녀가 지나가자 모두 조용해졌기 때문에 무슨 말이 오갔는지는 정확히 알 수 없었지만, 자신의 이름이 거론된 것은 분명했다. 그녀의 머릿속은 순식간에 복잡해졌다.

'나에 대해 무슨 말을 한 걸까? 내가 가식적이라고 생각하는 건 아닐까? 평상시 입에 발린 말만 한다거나……. 그러고 보니 몇몇은 내 눈을 피하는 것 같았어. 나를 왕따 시키기로 한 걸

까? 그런 게 아니라면 왜 자기들끼리만 이야기하겠어?'

생각은 꼬리에 꼬리를 물었다. 그 일이 있은 후로도 클라라는 더욱 주변 사람들에게 상냥하게 굴었고, 친절을 베풀기 위해 노력했다. 그러나 한편으로는 '사람들이 티 나지 않게 나를 싫어하는 건 아닐까? 나 없는 데서 내 험담을 하면 어떻게 하지? 내가 모르는, 게다가 사실이 아니기까지 한 험담이 퍼지기라도 하면 어떡한담?' 같은 걱정에 계속해서 시달렸다.

불안은 부정확한 것, 알 수 없는 것, 예상 불가능한 것과 관련이 있다. 여기에는 미래뿐 아니라 타인의 생각이나 마음도 포함된다. 초능력자가 아닌 이상 타인의 내면을 읽을 수 있는 사람은 없다. 제아무리 예언가라도 미래를 정확히 보지는 못할 것이다(노스트라다무스의 예언이 맞은 적이 있었던가?). 그렇기에 불안은 누구에게나 존재한다.

그러나 불안에 영향받는 정도는 사람마다 제각각이다. 어떤 사람은 그런 불안을 잠깐 스쳐 지나가는 감기처럼 앓고 마는 반면, 평소 걱정이 많은 사람은 불안을 습자지처럼 빨아들여 내면에서 부풀린다. 개인적이고 감정적인 고통은 육체적 고통보다 더 견디기 힘든 경우가 많다. 당신은 어떤가? 머릿속 '걱정'이라는 단추를 누름으로써 스스로 그 고통 속에 빠져드는 타입은 아닌가?

선승(禪僧) 코코시 부코는 몽골 침략기에 중국의 선불교를 일본에 도입한 사람이다. 그의 제자였던 선승 토키무네는 코쿠시에게 이렇게 물었다.

"스승님, 두려움은 제 인생의 최대의 적입니다. 두려움에서 벗어나는 방법을 알려주십시오."

"두려움을 유발하는 근원의 싹을 잘라버려라."

코쿠시가 대답했다.

"그 근원은 어디에 있습니까?"

"토키무네, 바로 자네에게 있네."

이 이야기는 불안이 외부로부터 발생하는 것이 아닌, 내적 문제임을 보여준다. 당신의 생각은 당신의 것이며 불안 또한 당신 자신의 것이다. 물론 우리 주변에는 끊임없이 불안을 조장하는 사람들이 존재한다. 험담이나 막말을 하는 사람들이 대표적이다. 경제 불황이나 강력범죄 사건 등을 연일 보도하는 매체들은 아예 작정하고 우리를 두려움에 빠뜨리려는 것 같아 보인다. 그러나 남들이 불안을 바이러스처럼 뿌리고 다닌다고 거기에 동조할 필요는 전혀 없다.

결국 불안도 당신 자신이 느끼는 것이요, 걱정도 스스로 만들어낸 것이다. 문제의 근원은 당신 안에 있으며, 그 문제를 풀어낼 해법 또한 내면에서 찾을 수 있다. 너무 많은 걱정들이 실타래처럼 엉켜 도무지 풀 방법을 모르겠더라도 괜찮다. 이 책을 차근차근 읽다 보면 스스로 내면에서 해결의 실마리를 찾아낼 수 있을 것이다. 그럼 본격적으로 걱정과 결별하기 위한 준비를 시작할 차례다.

2

걱정의
다섯가지
얼굴

No More Worry

걱정은 망상이다

걱정의 90%는 상상에 불과하다

나는 살아오면서 수많은 일을 걱정했다.
하지만 그중 대부분이 일어나지 않았다.
_마크 트웨인 Mark Twain

걱정 많은 사람에게 "잘 될 거야"라고 말하는 것은 별로 도움이 되지 않는다. 그들은 이미 최악의 상황을 상상하고 있다 (조금 지나면 그보다 더 최악의 상황을 생각해내는 놀라운 재능을 보여준다!). 이미 최악을 생각하는 사람에게 희망을 말한들 들릴 리가 없다. 그보다는 "네가 하는 걱정은 100퍼센트 쓸데없는 것이며, 걱정거리의 9할 정도는 아예 일어나지조차 않는 공상에 불과해"라고 말하는 편이 낫다. 물론 상대가 발끈할 수 있지만, 어설픈 위로보다는 충격요법이 더 효과적일 것이다. 충격으로 말미암아 자신의 걱정거리들을 되돌아볼 수 있고, 어쩌면 어느 날이고 서점에서 이 책을 집어 들게 될지도 모르니까.

　중요한 것은 9할이니 1할이니 하는 확률이 아니라 걱정의 상당 부분이 상상에 불과하다는 데 있다. 특히 걱정에 깊이 중독된 사람일수록 그런 경향을 보인다.

　샤나는 언제나 근심 속에 살고 있다. 그녀는 여행을 좋아하지 않았는데, 비행기를 탈 생각만 해도 속이 울렁거리며 불안감이 느껴졌다.

　"이상기류에 휩쓸리거나 테러범에게 납치를 당할 수도 있어요. 완전히 불가능한 일은 아니잖아요? 단 0.01퍼센트의 확률이라도 내게 일어날 수 있는 일이라면 조심해야죠."

　그녀는 자신의 불안감을 '집에 머무르는 것이 안전하다는 신의 계시'라고 여겼다. 0.01퍼센트의 사고확률 때문에 99.99퍼센트의 즐거움과 새로운 경험, 도전의 가능성을 포기하고 있다는 생각은 하지 못하고 말이다. 샤나가 몇 년째 방 안에 틀어박혀 있을 동안, 실제로 수많은 비행기와 기차가 안전하게 오고 갔다.

　걱정을 없애기 위한 기본은 '걱정은 현실이 아니며, 현실에 영향을 끼치지도 않는다'는 사실을 깨닫는 것이다. 걱정에 중독된 대다수 사람이 샤나처럼 자신의 걱정을 하나의 계시로 받아들인다. 다칠 것 '같고', 일이 잘못될 것 '같고', 그른 길을 택한 것 '같다'는 것은 모두 사실이 아니라 모호한 느낌에 불과하다. 불안은 걱정을 낳으며, 걱정은 불안에 기생한다. 걱정이 심하면 불안과 관련된 신체적 증상이 나타나기도 한다. 호흡이 빨라지거나 심장이 쿵쾅거리거나 근육이 긴장되는 식이다. 그것에 지나치게 의미를 부여해서는 안 된다.

🌱 걱정은 반드시 상상과 함께 온다

걱정은 일어나지 않을 일을 경고하고, 예기불안을 야기하며, 진정한 위험을 보지 못하게 감춘다. 걱정이란 우리 머릿속에서 벌어지는 상상, 아이디어, 신념, 예감 등에 기반을 두고 있다. 불확실성에 대한 불안이 커지면 평소 가지고 있었던 상상이나 신념 등이 자연스럽게 떠오른다.

카렌은 기본적으로 악한 본성을 가지고 태어나는 사람이 있으며, 최근 들어 그런 종자들이 더욱 많아졌다고 믿는다. 이런 생각은 몇 해 전 그녀가 〈크리미널 마인드〉 류의 미국범죄드라마에 심취하면서 시작되었다. 처음에는 재미로 보기 시작한 것이, 점차 '만약 흉악범에게 납치된다면 어떻게 대응해야 할까' 라는 생각이 들며 대비책을 강구해야겠다는 생각이 들었다. 그녀는 인터넷과 책을 통해 사이코패스에 관한 연구들을 읽었고, 그 결과 사이코패스가 점차 더 많아지고 있으며 어떤 사람은 타고난 본성이 악하다는 신념을 지니게 되었다. 그들에게

잡히더라도 구슬리거나 반항함으로써 살아날 확률은 매우 적은 듯했다. 카렌은 머릿속으로 범죄 상황에서 벗어나는 시뮬레이션을 그리곤 했는데, 시간이 지남에 따라 상상 속에서 자신이 살아남을 확률은 줄어들었고 두려움이 커졌다. 이제 카렌은 혼자 있을 때면 모든 문을 걸어 잠그며, 휴일이면 가능한 집 밖에는 나가지 않는다. 현관문 앞으로 지나가는 발걸음 소리만 들어도 놀라고 온갖 종류의 나쁜 생각이 다 든다.

카렌은 걱정과 불안에 압도된 나머지 세상으로부터 마음을 닫고, '나쁜 일이 일어나는 것은 아닐까?' 항상 불안해하며 실제 상황을 제대로 인지하지 못하고 있다. 그녀를 괴롭히는 것은 범죄 천국인 미국의 현실도, 늘어나는 흉악범죄도, 또 그녀의 집 바깥 어딘가 있을지도 모르는 사이코패스의 존재도 아니다. 그녀 자신인 것이다.

카렌과 비슷한 걱정에 시달리는 사람이라면 "그렇지만 범죄로 인한 사망확률이 전무한 것은 아니잖아요?" 라고 물을지 모른다. 필자는 그녀가 범죄의 희생양이 될 가능성이 0이라고 말하는 것이 아니다. 타살로 인한 사망 확률은 국가 사망원인 분석지표 '기타'에 포함될 정도로 낮지만, 그렇다고 전무하지는 않다. 그러나 확률로만 따지자면 암이나 온갖 만성질환과 대사성질환, 심지어는 자살로 죽을 확률보다도 낮다. 무엇보다도 갑작스러운 죽음은 방비할 수 있는 일이 아니며, 걱정한다고 흉악범을 막을 수 있는 것도 아니라는 점이 중요하다. 한 마디로 당신이 어쩔 수 있는 일이 아니다!

걱정은 필수적으로 상상을 동반한다. 있지도 않은 일, 혹시 모르는 일을 생각하는 것이 걱정이니 당연하다. 그런데 기분 좋은 상상으로 걱정하는 일은 거의 없다. '만약 복권에 당첨된다면' 이라는 상상도 걱정으로 이어지면 '도둑을 맞거나 사기를 당한다면' '주변 사람들과 분란이라도 생기면' 등등의 나쁜 상상이 된다.

이런 일이 벌어지기를 진심으로 희망하는 사람은 없을 것이다. 정말 당신이 걱정하는 그 일이 현실이 되기를 바라는가? NO라고 답했다면, 걱정의 90퍼센트는 일어나지 않을 일이라는 데 이성적으로뿐 아니라 심정적으로도 동조할 수 있을 것이다.

돈걱정증후군

영국의 심리학자 로저 핸더슨은 돈걱정증후군Money Sickness Syndrome이라는 용어를 만들어냈다. 돈걱정증후군이란, 지금 당장 돈이 없는 것이 아닌데도 먼 훗날 돈이 없어질까 불안해하며, 이로 인해 식욕부진이나 불면증, 두통, 우울증 등을 겪는 증상이다. 여기서 주목할 점은 핸더슨 박사가 돈걱정증후군의 주된 원인 중 하나로 '자신의 현실(소득과 지출 상태)을 직시하지 못하는 점'을 지목했단 것이다. 자신의 돈이 어디서 얼마나 들어오고 나가는지를 제대로 파악하지 못하니 불확실감을 느끼고, 그로 인해 나쁜 상상을 하게 된다.

이와 관련해 재미있는 에피소드가 있다. 필자는 감정적 어려움을 겪는 사람들과 개인적으로나 단체를 통해 자주 만나면서 이론적 이해와 심정적 이해는 별개의 것이라는 사실을 깨달았는데, 그와 관련된 경험이기도 하다. 어느 모임에 연사로 참석했을 때의 일이다. 걱정의 비생산성에 관해 거의 두 시간에 걸쳐 설명하고, 사람들로부터 큰 호응을 얻었다. 강연 참가자들은 제가끔 고개를 끄덕이거나 놀라기도 하며 내 이야기에 공감을 표시했다. 그리고 강연이 끝나 드디어 질의응답 시간이 되었을 때, 제일 먼저 손을 든 사람이 내게 물었다.

"걱정이 영양가 없는 활동이란 건 알겠어요. 다른 사람들의 걱정이 거의 현실성 없는 종류라는 데도 동의하고요. 하지만 제 걱정의 주제는 대개 돈인데 이것도 공상이라 할 수 있을까요? 갑자기 중병에 걸리거나 실직을 당하면 수중에 돈이 없어질 수 있는데, 그런 일은 누구에게나 생길 수 있잖아요? 그걸 공상이라고 할 수는 없어요."

여러분도 혹시 위의 이야기에 고개를 끄덕이지는 않았는가?

어떤 사람들은 돈이나 재산 문제에 관한 것을 '현실적인 근심'이라 생각한다. 돈이 모든 것을 좌지우지하다시피 하는 자본주의 사회에서 돈 걱정 없는 사람은 팔자 편한 사람으로 여겨지는 것도 사실이다. 냉정하고 때로는 가혹하기까지 한 세상을 살면서, 특히 돈에 대해 무방비로 살아가는 것은 어리석은 일이다. 정도의 차이는 있어도 모두가 돈을 모으고, 만약의 경우에 대비하고, 또 미래의 쓰임을 준비한다. 이것은 걱정이 아니다.

나는 손 든 사람에게 되물었다.

"수도승이 아닌 이상 돈에 관해 초연하기란 어려운 일이죠. 그 문제와 관련해 주로 어떤 것이 걱정되나요?"

"어느 날 모아둔 돈이 모두 떨어질까 봐요."

"왜 그런 생각을 하죠?"

"제가 어렸을 때 양부모님이 동시에 실직하신 적이 있었어요. 실직 기간이 길어질수록 생활이 어려워져서, 1년 정도 지났을 때는 끼니를 걱정해야 할 정도였어요. 실제로 한동안 점심을 거르기도 했었고요. 이후로 '돈이 떨어지면 어떻게 하지'라는 걱정이 생겨난 것 같아요."

"본인이 지금 실직상태이거나 그럴 가능성이 있나요?"

"아니요. 전 제 회사를 운영하고 있어요."

"실례지만 운영이 적자이거나, 개인적으로 저축해둔 돈이 없나요?"

"사업은 괜찮게 되는 편이고, 개인 재산도 제법 있는 편이에요. 집도 있고, 보험도 여러 개 들어놨죠."

"그런데 대체 왜 그런 걱정을 하죠?"

"앞날은 알 수 없는 거니까요. 아까도 말했듯이 저나 가족 중 누군가가 중병에 걸려 큰돈이 들어갈 수도 있고, 또……."

현실적인 근심이란 없다. 걱정은 현실과는 거리가 멀다. 현실을 직시하는 사람은 오히려 걱정 같은 쓸데없는 생각에 에너지를 낭비하지 않는다. 지금 당장 할 수 있는 일을 찾고 해야 할 일을 해나갈 따름이다. 만약 당신이 아직 벌어지지 않은 일에 생각을 몰두하고 있다면, 그 주제가 무엇이든(돈에 관한 것이든 직업에 관한 것이든) 걱정이라는 공상에 빠져있는 것이 분명하다.

🌱 걱정할 만한 걱정인가?

만약 당신이 걱정 많은 사람이라면 이제까지 자신의 걱정이 얼마나 현실성 있는 것인지, 그리고 과연 걱정할 만한 가치가 있는 것인지 돌이켜보라. 지금 당장 노트를 꺼내 걱정거리 10가지를 적는다. 그리고 걱정의 확률에 관해 쓴 심리학자 어니 젤린스키의 구분에 따라(19페이지 참고) 아래 5가지 항목 중 하나라도 해당되는 것은 모두 지워나간다. 자신의 걱정에 객관적이지 못할 수 있으므로, 스스로 점검해본 다음에는 다른 사람에게도 보여주고 아래 기준에 해당되는 것은 지워달라고 말한다.

- 일어날 확률이 매우 낮거나 아예 없다.

  ex 비행기 사고, 어느 날 갑자기 죽을 가능성, 수술 후 마취에서 못 깨어날까 봐, 연쇄살인범에게 납치되거나 재수 없게 사이코패스를 만날 경우 등

- 이미 일어난 일과 관련 있다.

  ex 새로 이사한 집이 마음에 안 들어서, 말실수해서 상사 눈 밖에 난 것은 아닐까 등

- 굳이 걱정할 필요가 없을 정도로 사소하다.

  ex 세균에 감염될까 봐, 주름이 늘어났을까, 몸무게가 1kg 늘었을까 봐 등

- 내가 걱정해봤자 아무 소용없는 일이다.

  ex 지구가 멸망할까 봐, 비가 와서 올림픽 성화가 불에 꺼질까 봐, 이웃집 여자의 남편이 바람날까 봐 등

- 설사 (그 일이) 일어나더라도 충분히 해결 가능하다.

  ex 질병에 걸리면 어떻게 하지, 신용도가 깎이면 어떻게 하지 등

위의 예시는 이해를 돕기 위한 것이지 절대적인 것이 아니다. 당신 자신과, 당신의 상황을 알고 비교적 객관적으로 판단해줄 수 있는 누군가의 도움을 받아 당신의 걱정리스트를 점검해보도록 하자. 막연히 생각한 것보다 훨씬 현실 가능성이 낮거나 걱정할 만한 가치가 낮은 것임을 발견하게 될 것이다.

공상이 지나치면 현실처럼 느껴진다

망상이란, 가지고 있었다고 꾸며냈다가
그 모든 것을 잃어버렸다고 슬퍼하는 것.
_귀스타브 플로베르 Gustave Flaubert

당신 삶의 주도권은 어디에 있는가? '내 삶의 주도권은 내가 가지고 있다'고 자신 있게 말할 수 있는 사람은 많지 않을 것이다(그런 사람이라면 이 책을 펼쳐 들 이유가 없으리라). 불행히도 우리 삶은 자신의 의지대로만 흘러가주지 않는다. 정치나 경제상황은 개인의 인생을 휩쓰는 커다란 파도와 같다. 언제까지고 함께할 것 같았던 연인이 변심하면 삶은 크게 흔들린다. 실직이나 해고 또한 내가 원해서 당하는 일이 아니다.

걱정 많은 사람들을 보면 주위 사람이나 자신에게 예기치 못한 사건이 벌어졌던 경우가 많다. 예상 밖의 일이 벌어지면 우리는 너무 쉽게 삶의 방향을 잃어버린다. 갑작스러운 변화에 대한 두려움으로 세상은 불안정하고 불확실한 곳이 된다. 자연히 '과연 누구 혹은 무엇에 의지할 수 있을까?'를 고민하지만, 타인은 물론이고 자기 자신에게조차 의존할 수 없을 때, 확신할 수 있는 것이 별로 없는 상황에서 우리는 공상에 빠지고만다.

공상에는 삶의 주도권을 되찾고자 하는 욕망이 숨어있다. 처음 공상에 빠질 때, 그 안에서는 모든 것이 자신의 통제하에 있고 생각대로 움직인다. 공상 속에서 인생은 보다 확실하고 장밋빛인 것처럼 보인다. 모든 것이 잘되리라는 기분 좋은 기대가 자신을 감싼다. 그 결과 우리는 점점 더 공상에 힘을 실어주고, 점차 강해지는 공상은 결국 저 혼자 달려나가기 시작한다.

노숙자인 알란은 자칭 '불행 사냥꾼'이다. 그는 만나는 사람들에게 미래에 자신에게 닥칠 수 있는 불행을 들려주고, 조언을 구하고자 한다. 내가 우연히 알란의 앞을 지나쳤을 때 그는 먼저 만난 사람에게 자신의 이야기를 하고 있었다.

"…… 그래요, 일단 검사를 해볼 수는 있겠지요. 그런데 만약 검사 결과 내가 암에 걸렸다는 사실이 밝혀지면 어떻게 합니까? 물론 재혼한 아내는 전 재산을 털어 나를 치료하려 하겠지만, 만약에 치료가 불가능할 정도로 암이 진행된 상태라면? 그것도 모자라 병 치료에 지친 아내가 위안을 주는 다른 남자와 바람이라도 나면 어떻게 한단 말이오?"

나는 알란에게 물었다.

"재혼을 하셨어요? 그런데 왜 이렇게 지내시죠? 아내분은 어디 계시는 데요?"

알란은 고개를 갸우뚱하며 대꾸했다.

"뭔 소리요? 내가 만약 운 좋게 여자를 만나 결혼해서 이 길바닥을 뜨면 어떻게 될지 얘기하고 있었던 거요."

♦ 걱정이라는 공상이 위험한 이유

공상이 위험한 이유는, 계속해서 생각하다 보면 마치 있었던 일인 것처럼 여겨진다는 데 있다. **한두 가지 상상에 몰두한 나머지 현실검증력이 떨어지게 되고, 이것이 심해지면 결국 현실과 단절되고 만다.** 이런 사람들은 망상중 환자가 되어 전문적인 치료를 요한다.

걱정 많은 사람이 망상중 환자 수준은 아니지만, 현실검증력이 떨어진 상태라는 점은 분명하다. 현실을 왜곡해 해석함으로써 상상하는 일이 꼭 일어날 것처럼 여긴다. 있을지 없을지 모르는 일에 집착하다 보니 정작 주어진 상황을 해결할 기회를 놓친다. 그러다가 가혹한 현실이 가시화되면, 다시 말해 갑작스럽게 해고를 당하거나 절친한 친구가 절교를 선언하거나 사고가 나기라도 하면 "그것 봐, 내가 그럴 줄 알았다고!"라고 말하는 식이다. 필자는 이렇게 반문하고 싶다. 걱정했는데 왜 막지 못했는가? 걱정이라는 공상에 빠져 현실을 직시하지 못하고, 정작 해결할 수 있었던 일도 망쳐버린 것은 아닌가?

걱정이 심화되면 단순히 공상의 정도를 넘어 인생 방침이 될 수도 있다. 이 방침은 억압, 압박, 제약, 고난, 응징, 죄의식, 부정, 무감각 등 다양한 형태로 나타난다. 이런 방침을 수용하면 삶은 지옥이 된다.

메리는 수년간 모은 돈을 모두 침대 밑 신발상자 속에 넣어두었다. 그녀는 은행, 가족, 친구는 물론 자기 자신도 믿지 않았다. 자신에게도 최소한의 돈만 투자했기에, 늘 굶주린 듯 처량한 모습이었다. 그래서 주변 사람들은 메리가 찢어지게 가난하다고 생각했다. 메리가 세상을 뜬 후 남은 가족들은 그녀의 풍족한 재산을 발견하고 충격에 빠졌다. 메리가 부자이리라고는 상상도 못 했던 것이다. 걱정이라는 삶의 방침에서 헤어나지 못한 메리는 많은 재산에도 불구하고 스스로 가난한 삶을 살았다.

걱정의 방침 속에 살면 예기불안이 주기적으로 발생한다. 예기불안이란 무시무시한 일이 곧 발생할 것이라 예상하고, 그 예상을 믿는 심리 상태를 말한다. 은행에 저축하면 곧 그 은행이 파산할 것 같은 예감에 떨며, 그것이 두려워 침대 밑 신발상자에 돈을 차곡차곡 넣어서 보관하면 누군가 훔쳐갈지도 모른다는 데 생각이 미친다. 돈이 많아 보이면 도둑의 목표가 될 수 있기에 최소한의 돈으로만 살아간다. 결국 재산이 있어도 없으니만 못한 불안에 떨며 자기만의 지옥을 만든다.

예기불안에 사로잡히면 별것 아닌 장애물이 등장해도 지레 최악의 결과를 예상하게 된다. 예를 들어 몸이 아프면 '암에 걸린 거 아니야?'라는 상상에서 시작해 이내 '암일지도 몰라'라는 공상으로 치닫는다. 공상이 점점 커지면 결국 '현재로서는 치료법이 없을 거야'라고 단정 짓고 이내 유서를 작성하고 장례식 계획을 세운다.

이런 예기불안에 사로잡힌 사람들은 아이러니하게도 병원에 가서 진찰을 받고 단순한 근육통이라는 결과를 받으면 오히려 실망한다. 걱정하면서 자신을 지키고 있다고, 즉 의미 있는 정신활동을 하고 있다고 믿고, 불안을 통해 살아있음을 느끼며, 자신이 대단한 병마와 싸우고 있다는 착각 속에서 거짓 상황의 기쁨을 느끼는 것이다.

그래미상을 받은 록가수 닐 영은 한때 심한 편두통을 앓았다. 어느 날 그는 머리가 아프면서 갑자기 시야가 흐려진 것을 느꼈지만 대수롭지 않게 넘겼다. 하지만 다음날에도 상태가 호전되지 않자 닐의 걱정은 꼬리에 꼬리를 물기 시작했다. 면도를 하던 닐은 눈 속에 깨진 유리조각 같은 이물질이 있는 것을 발견했고, 그것이 점점 커지는 듯한 느낌에 곧장 병원으로 달려갔다. 안과를 다섯 군데나 다녀온 이튿날 아침, 진단 결과가 나왔다. 병명은 뇌동맥류. 치료가 시급했다. 목요일에 진단결과가 나왔고, 의사는 그 다음 주 월요일에 수술 일정을 잡았다.

이런 상황이 되면 자기연민에 빠지는 사람이 있는데, 닐이 그랬다. 그는 그날 밤 내슈빌로 달려가서 앨범 작업을 했다. 가사와 멜로디가 마구 떠올랐다. 어떤 곡은 단 15분 만에 완성되었다. 비극적인 운명을 맞이한 닐은 과민반응 상태였고, 덕분에 주변 모든 것에서 영감을 얻었다. 〈Falling off the face of the earth〉는 바로 이때 친구의 자동응답기 메시지를 듣고 만든 곡이다. 닐은 수술을 위해 뉴욕에 돌아온 2005년 3월 28일까지, 4일 만에 총 8곡을 작곡하여 녹음을 마쳤다. 삶의 위협을 느꼈을 때 충동적으로 만든 그 앨범은 사람들의 심금을 울렸고 호평을 얻었다. 이 곡은 각종 차트의 1위로 등극했고, 앨범은 날개 돋친 듯 팔려나갔다. 닐은 과연 어떻게 되었을까? 김새게도, 그는 수술 후에 완쾌되었다.

—《비범한 천재들의 화려한 재기》, 존 샤케트

♠ 공상에서 벗어나는 세 가지 질문

논리요법의 창시자인 알버트 엘리스에 따르면, 곤란은 사건 자체에 기인하는 것이 아니라 그 사건을 어떻게 받아들이느냐의 문제에 달려있다. 그의 심리치료는 다음 3가지 물음에 근거

한다. 첫째, 어떤 일이 진실로 일어났는가? 둘째, 일어난 일에 대해 무엇을 인지했는가? 셋째, 어떻게 반응했는가?

엘리스 박사의 방식을 차용하고, 여기에 한 가지 질문을 더하면 머릿속에서 날뛰는 걱정이란 공상을 잠재울 수 있다. 지금 걱정하는 한 가지 문제에 관해 다음과 같은 질문을 던지고 대답해보라.

1   지금 어떤 일이 '실제로' 벌어지고 있는가?
    (판단이나 주관을 빼고 있는 그대로의 사실만을 기술한다.)

2   위의 일에 관해 무엇을 인지했는가?

3   무엇을 걱정하는가?

4   지금 당장 할 수 있는 일은 무엇인가?

이상의 질문은 공상의 세계로부터 현실의 세계로 당신의 이성을 끌어당긴다. 외부 상황과 인지상태를 점검하고, 무엇보다도 현실에 기반해 현재를 생각하게끔 한다. 걱정이 깊어지면 당신의 정신은 멀리 아직 다가오지 않은 나날에 미리 도착해 있다. 머릿속으로 그리는 미래는 어디까지나 가상의 세계이다. 현실과는 아무런 관계가 없다. 그러나 거기 몰두하면 정작 현재 해야 할 일에 집중하지 못한다. 현재에는 미래의 위험보다도 훨씬 중요한 것이 있는데 말이다.

걱정은
집착이다

집착과 걱정의 크기는 비례한다

집착하는 것은 마침내 근심이 된다.
집착할 것 없는 이에겐 근심할 것도 없다.
_숫타니파타

집착은 일종의 몰두이다. 욕망하는 것에 지나칠 정도로 생각을 쏟으며 매달린다. 욕망의 대상은 매우 다양하다. 물건이나 재산, 인물일 수도 있으며 외모나 건강, 행위 등에 집착하는 사람도 있다. 사랑, 관계, 권력, 자신만의 방식 등 눈에 보이지 않는 관념 또한 집착의 대상이 된다. 사람들은 이미 가지고 있는 것에 집착하기도 하지만, 아직 가지지 못한 것에 대해서도 강한 집착을 보인다.

그런데 집착의 이면에는 두려움이 도사리고 있다. 바로 통제 불가능한 것에 대한 두려움이다. 집착이 발생하는 이유 역시 강렬한 욕망에 미래의 불확실성에 대한 불안이 더해지기 때문이다. 불안에 생각을 쏟으면 어떤 결과가 발생하는지는 지금까지 설명해온 바와 같다. 즉, 나쁜 쪽으로 상상하게 된다. 이미 있는 것은 잃을까 봐, 아직 없는 것은 가지지 못할까 봐 불안해하는 우리의 머릿속으로 걱정이 냉큼 자리를 잡고 속삭인다.

'미처 발견하지 못한 종양이 크게 자라서, 알아차렸을 때 이미 손 쓸 수 없게 되면 어떻게 하지?'

'지금은 나를 사랑한다고 말하지만 더 괜찮은 여자를 만나면 떠날지도 몰라.'

'우리 아이만 뒤처지면 어떻게 하지?'

'시간이 없으면 어떻게 하지?'

'생각만큼 돈을 벌지 못하면 어쩌지?'

진정하라. 걱정하는 그 일은 일어나지 않았다(오로지 당신 머릿속에서만 벌어지고 있을 뿐). 지금 걱정하고 있다면, 아직 아무 일도 없다는 증거이다. 그러나 집착과 더불어 걱정하면, 아직 일어나지도 않은 일에 대해 고통이나 슬픔 같은 부정적 감정을 느끼게 된다. 사랑하는 이가 곁을 떠난다고 상상하는 것만으로도 마음이 아파진다. 연인을 바로 옆에 두고도 '혹시 떠나면 어떻게 하지'라는 생각에 마음이 울적해진다. 당황한 연인이 자신의 기대 밖의 반응을 보이면 '이것 봐, 역시 변심하고 있는 거야'라며 자신의 걱정을 정당화하니 공상도 이런 공상이 없다. 이처럼 집착은 강한 감정을 불러일으키기에 걱정의 여러 얼굴 중에서도 특히 위험하다 할 수 있다. 특히 집착하는 대

상과 관련된 사람이나, 대상이 된 사람에게 감정을 표출하므로
주변 사람들까지 괴롭게 한다. 꼭 가지고 싶었던 것이 있어서
얻지 못할까 전전긍긍하고 있는데, 누군가 그것을 방해하는 것
같으면 분노가 치밀어 오르는 식이다.

🌱 집착이 커질수록 걱정은 구체화된다

배우자나 연인을 집착으로 괴롭히는 사람들이 있다. 말로 다
못할 정도로 상대를 구속하고 끊임없이 코너로 몬다. 상대의
일거수일투족을 알기를 원하며, 어디로 가서 누구와 만나는지
도 여지없이 점검한다. 집착의 대상이 된 상대는 괴로움을 호
소하지만, 정작 본인은 '사랑하기 때문에 관심을 보이는 것뿐
인데 왜 괴로워하는지 모르겠다'는 반응이다. 그들이 가혹하
리만치 심하게 구는 것은 간단히 말해 '걱정' 때문이다. 걱정은
일종의 공상이다. 공상이 지나치면 마치 현실처럼 느껴진다는
사실은 앞장에서 설명하였다. 거기에 더해, 걱정은 구체화될수
록 현실처럼 여겨진다. 그 일이 꼭 일어날 것만 같은 '예감'에
사로잡히는 것이다.

지역 사회에서 가정 상담사로 일하는 한 지인은 어느 여성으
로부터 2년여 간 남편에 관한 걱정 어린 상담편지를 받았다. 처

음에 그녀는 남편을 너무나 사랑하며, 그래서 술을 좋아하는
남편의 건강이 위험하지는 않을지 걱정이라는 편지를 보내왔
다. 남편으로 하여금 술을 줄이게 할 방법을 알려달라는 것이
었다. 몇 개월 후 그녀는 남편이 술은 줄였지만 여전히 술집에
드나들고 있으며, 거기서 여자를 만나게 되지는 않을지 염려된
다고 편지에 썼다. 나의 지인은 부부 사이에서 가장 중요한 것
은 신뢰이므로 남편을 믿되, 그가 술을 너무 많이 마시지 않도
록 관심을 기울이라고 충고했다. 그러자 부인은 남편을 믿기
위해 그의 동선을 파악하려 한다며, 다음과 같이 편지로 대답
했다.

제가 가장 염려하는 건 여자가 아니에요. 제 남편이 제가 모르는 곳에서

위험에 처할 수도 있기 때문이죠. 술이 뇌혈관질환을 일으킬 수 있다는

데, 마시다 쓰러지기라도 하면 어떻게 하죠? 만약 남편의 친구들도 잔뜩

취해있어서 그이를 챙겨줄 수 없는 상황이라면요? 몇 시간이고 연락이 되

지 않아 그 사이 응급조치가 늦어지기라도 하면 남편의 인생은 물론이고

제 인생도 끝날 거예요. 요즘은 세상이 흉흉하니까 술집 뒷골목에서 봉

변을 당할 수도 있어요. 물론 여자도 문제죠. 제 친구의 남편은 웬 꽃뱀

을 만나 이혼을 요구했다더군요. 제 남편이 잘생긴 외모는 아니지만, 술

집에서 돈을 쓰는 것을 보고 어떤 여자는 그를 부자라고 착각할지도 몰라

요…….

이외에도 그녀가 보내온 편지를 보면 모든 관심은 남편에게 쏠려있었다. 그 부인은 편지를 보내온 지 반년쯤 뒤나 회사에서 해고당해 실직상태가 되었는데 그 이후 남편에 대한 집착은 점점 더 심해졌고, 일 년쯤 지나자 남편이 언젠가 술집에서 죽을 것이 분명하며 그러기 전에 여자를 만나 바람을 피울 것이라고 썼다.

🌱 집념과 집착을 가르는 결정적 차이는 '걱정'

집념은 한 가지 목표에 매진하는 마음이다. 집착과 집념은 때로 혼동되어 쓰인다. 어떤 일이나 행위, 목적에 몰두하는 사람들은 대체로 자신이 집착하기보다는 몰입하고 있다고 생각하며, 그래서 집착하는 것이 아니라 집념을 가지고 있을 뿐이라고 여긴다.

자신의 몰두하는 마음이 집념에 가까운지 아니면 집착인지 구분할 방법이 있다. 바로 걱정 유무를 살펴보는 것이다. 집념에 가까울수록 걱정이 적다. 집념을 가진 사람은 현재에 몰입하며 공상하지 않는다. 반대로 집착에 가까울수록 걱정이 많아진다. 공상이 구체화되고, 아직 일어나지 않은 일에 대한 '예감'이 강해진다. 그리고 그 예감에 대해 생각하느라 정작 지금

해야 할 일을 하지 못한다. 돈 걱정 많은 사람은 돈 걱정을 하느라 업무에 집중하지 못하며, 행복에 관해 걱정 많은 사람은 행복하지 못할까 걱정하느라 지금 가진 것에 만족하지 못한다. 인간관계에 집착하게 되면 이런저런 걱정에 오히려 그 관계에 전념하지 못한다. 좋은 관계를 위해 정말 필요한 것은 아직 오지 않은 미래나 보이지 않는 마음을 상상하는 것이 아니라, 바로 눈앞에 앉아있는 이에게 집중하는 것인데도 말이다.

이처럼 집착과 걱정은 비생산적인 것이다. 이론의 여지가 없을 정도다.

무언가 반드시 가지고픈 것이 있는가? 혹은 반대로 잃을까 두려운 것이 있을 수도 있다. 그러나 걱정은 그 무엇에도 전혀 도움이 되지 않는다. 당신이 목표를 이루는 데 오히려 방해가 될 뿐이다.

통제 욕구는 집착을, 집착은 걱정을 낳는다

지배하려고 하면 모든 것을 잃게 된다.
_노자

인간을 비롯해 우주에서 살아가는 생명체 모두는 자연스러운 조화와 균형이 잡힌 생태계를 이루어 살고 있다. 폭풍이나 지진 같은 천재지변은 자연의 법칙에 따라 생태계의 불균형을 조정하고, 시체는 새 생명을 자라게 하는 거름이 된다. 외부의 방해가 없다면 자연은 스스로를 재생한다. 자연에는 절대적인 조화와 지혜가 존재한다. 그러나 인간은 어떨까? 통제력을 잃을까 봐 두려워하는 사람들이 많다. 자신이 통제하지 않으면 세계와 인간관계가 산산조각 날 것이라는 망상을 한다. 그리고 인생을 통제하기 위해 많은 에너지를 사용한다. 자신에 대한 통제력을 잃었거나 통제하지 않는 사람을 비난한다.

통제에는 두 종류가 있다. 자연적인 통제와 인위적인 통제가 그것이다. 자연적인 통제는 별다른 노력 없이도 몸과 마음의 균형이 잘 이루어지고 긍정적인 기능을 발휘하게 한다. 모든 일이 순리대로 이루어져 우리로 하여금 편안하고 안정된 상태를 누리게 한다. 간이나 콩팥에 아무런 문제가 없는지, 결혼생활에 불안 요소는 없는지 등을 매일같이 하나하나 체크할 수는 없는 노릇이다. 그저 마음을 편안하게 하고 주어진 일을 자연스레 받아들이면서 필요한 일을 하면 되는 것이다.

그와 달리 인위적인 통제는 두려움에서 비롯되고 과대망상을 일으킨다. 평정을 위협하는 뭔가가 발생하면 분별력 없이 무조건 이를 억누르고자 하는 것이 인위적인 통제 욕구이다. 통제 속에 있고자 하는 바람과 통제가 불가능한 상태를 통제하고자 하는 바람은 전혀 별개의 것이다. 잘못된 통제를 하면 할수록 더더욱 통제 불능의 수렁에 빠져든다는 사실을 명심해야 한다.

강박관념은 잘못된 통제 욕구에서 비롯된다

집착은 곧 인위적인 통제에 대한 욕구라 할 수 있다. 자신이 가지고 있는 것을 잃어버리지 않으려면 자기 자신과 주변을 통제해야 한다고 생각한다. 내가 가지지 못한 것을 얻기 위해서도 마찬가지다. 이는 우리가 흔히 '강박관념'이라고 부르는 것으로 이어진다.

인간관계, 돈, 시간, 일, 음식, 성, 느낌, 생각, 행동 등 모든 것을 일일이 통제해야 한다고 생각하는 것이 바로 강박관념이다. 이러한 강박관념에게 지배당하면 인생은 누려야 하는 것이 아니라 억압해야 하는 감옥이 되고 만다. 강박관념에 시달리는 사람은 녹차 한 잔을 충분히 음미할 수 있는 여유가 없다. 매 순간을 기쁜 마음으로 즐기는 것이 불가능한 일이 되고 만다.

줄리아는 지배력 있는 남성을 좋아했다. 그녀는 지배력 있는 남성은 강해 보이고, 그런 남성과 교제하면 자신이 보호를 받을 수 있다고 생각했다. 하지만 정작 그런 남성을 만나 교제하면 할수록 그는 더 많은 것을 요구하며 그녀를 구속하려고 했다. 그것이 사랑이 아니라고 느꼈을 때 줄리아는 두려움에 휩싸였다. 그녀는 속박당한 자신의 권리와 자유를 되찾기 위해 발버둥을 쳤다.

자신의 욕구만을 강요하고 상대방을 구속한다면 그 관계는 어떻게 될까? 상대방을 통제하면 할수록 그 관계는 파국으로 치닫게 된다. 그 누구도 타인을 통제하거나 지배할 수 없다. 상대를 계속해서 통제한다면 결국 자기 자신조차 잃어버릴지도 모른다. 서로에 대한 관심은 온데간데없이 사라지고 정복으로 인한 공포의 전율만 남을 뿐이다.

통제는 수많은 인간관계의 주요 쟁점이다. 누군가는 통제받기를 원하며, 누군가는 통제하기를 원한다. 어느 쪽이든 통제력이 있는 사람이 권위적이고 강력해 보일지 모르지만, 실은 그렇지 않다. 타인을 통제하는 사람은 자기 자신의 감정을 통제할 수 없는 경우가 많다. 누군가를 지배하면서 통제 불능인 자신에 대한 보상을 얻고자 하는 것이다. 타인을 지배하여 일시적으로 강인함을 얻을 수는 있지만 지배하던 사람과의 관계에 종지부를 찍으면 나약한 자신의 모습을 발견하게 된다.

통제의 필요성을 느끼는 이유는 다양하다. 그 이유를 이해하면 한발 물러서서 통제하고자 하는 마음을 없앨 수 있다. **통제하고자 하는 마음을 없애면 불안이 사라지고 삶의 균형을 되찾아 원활한 삶을 살 수 있다.** 그러면 통제가 우리 삶을 옥죄는 존재였고 사랑과 선의와는 아무 관계가 없다는 것을 쉽게 인식할 수 있다. 통제하고자 하면 긴장감만 높아지고 삶의 균형을 잃게 되며, 통제하지 못함으로써 결국 욕망의 대상을 잃게 될까 봐 걱정만 깊어진다.

● 통제 욕구는 집착을, 집착은 의심을 부른다

통제하고자 하는 마음은 특히 연인 관계에서 불타오른다. 사랑에 빠지면 누구나 방심하게 되는 법이고 자신이 쉽게 상처받는 존재라고 느끼게 된다. 그래서 강박적으로 뒷걸음질치고 관계를 고의로 깨트리며 의심 속에 하루하루를 살아가는 것이다. 통제하고자 하는 마음의 병은 자신도 모르게 천천히 진행된다. 이 병에 걸리면 연인이 하루 종일 무엇을 하는지, 누구와 대화하는지, 어디에 가는지, 일거수일투족을 다 알아야 한다. 그리고 곧 이메일이나 통화기록을 확인하게 될지도 모른다. 애인이 자신의 시야 내에 없으면 마음이 의심으로 가득 찬다. 연인의 모든 행동, 선택, 친구, 가족은 물론 먹는 것, 입는 것까지 통제해야 한다.

어떤 이들은 이런 행동이 깊은 사랑의 증거라고 말한다. 하지만 이는 사랑의 징표가 아니라 통제하고자 하는 강박관념에서 발생한 행동이다. 의심의 환상에 빠져들면 그것은 온갖 종류의 공상을 불러일으키고, 곧 걱정의 소용돌이 속으로 빠져들게 된다. 걱정이 깊어지면 질수록 공상은 꼭 현실처럼 느껴져서 사랑하는 상대의 진실된 말과 행동이 더는 눈에 보이지 않는다.

맥스는 약혼녀의 말을 믿지 않았다. 그는 항상 자신이 알고 있는 것 이상의 일이 일어나고 있다고 생각했다. 그는 약혼녀가 다른 남자에게 흥미를 느낄까 봐 늘 걱정했다. 어느 날 그는 전에 보지 못한 새로운 옷을 입은 약혼녀의 모습을 보았다. 약혼녀는 처음에는 섹시한 옷을 입더니 화장을 짙게 하고 향수를 뿌리기 시작했다. 맥스가 그녀에게 왜 그러냐고 묻자, 약혼녀는 맥스를 기쁘게 해주기 위해 그런 것이라고 답했다. 그러나 맥스의 머릿속에서는 그녀가 거짓말을 하고 있을지 모른다는 생각이 떠나지 않았다. 그는 이런 상황이 괴로웠다. 그는 이내 약혼녀의 전화를 몰래 엿듣고 약속을 확인하고 심지어 미행까지 하기 시작했다. 약혼녀가 거짓말하고 있다는 일말의 증거도 나타나지 않았지만 맥스는 계속해서 약혼녀를 의심했다. 약혼녀는 맥스를 사랑했지만 맥스의 행동이 약혼녀를 벼랑 끝으로 내몰았다. 두 사람의 사이는 극도로 나빠졌다.

신뢰하지 못하면 통제하고자 하는 마음을 버릴 수 없다. 자신을 믿고 타인에게 믿음을 심어줘야 타인의 신뢰를 얻을 수 있다. 신뢰는 어느 한 사람과 함께하며 그의 진정한 모습을 보고 경험한 시간에 비례하여 쌓인다. 또한 끊임없이 가꾸고 잃지 않기 위해 보호해야 한다. 신뢰를 뒤흔드는 일이 발생하면 즉시 그 일에 집중하라. 문제에 대해 끊임없이 논의하고 해결하라. 연인에게 자신이 원하는 것을 말하고 자신의 말이 확실히 전달되었는지 확인하라. 신뢰는 하루하루의 행동이 쌓여 생기는 것이다. 당신이 안정을 찾기 위해 필요한 것을 상대방이 제공해주지 못할 수도 있으나, 그렇더라도 이해하고 존중해주어야 한다.

불신과 두려움이 깊어지면 머지않아 관계가 악화된다. 어떤 사람은 상대방의 균형을 무너뜨려 두려움을 주기 위해 불쾌한 행동을 하기도 한다. 상대방을 비방하고 자존감을 무너뜨리기 위해 어떤 짓이든 다 하는 것이다. 이들의 깊은 내면에는 '상대방을 불안하게 만들면 자신을 떠나갈 수 없고 다른 사람도 만날 수 없을 것이다'라는 생각으로 가득하다. 상대가 떠날까 걱정되는 마음에 자신의 불안을 상쇄시키려 상대를 고문하는 것이다. 왜 이런 행동을 할까? 이는 통제를 통해 두려움을 덜려는 시도로, 실은 스스로 자기 자신을 겁주고 있다는 사실을 모르고 있다.

관계를 유지하기 위해서는 쌍방의 필요를 존중해주고 관심 있게 들어줘야 한다. 상호 존중, 열린 소통, 기본적인 신뢰가 관계 형성의 필수요소이다. 상대방을 있는 그대로 받아들이면 삶에 집중할 수 있고 모든 일을 명확히 볼 수 있다. 또한 어떤 일이 일어났는지 인지하고 쉽게 대응방법을 구할 수 있다. 상대방이 떠나길 원한다면 보내주라. 상대방이 당신의 삶에 속한 사람이라면 곧 되돌아올 것이다. 반면 당신에게 속한 사람이 아니라면 어떤 방법을 동원해도 떠나기 마련이다.

♦ 자연의 순리를 받아들여라

통제가 모두 나쁜 것은 아니다. 건전한 통제 또한 있다. 건전한 통제를 얻기 위해서는 가끔씩 나타나는 통제 불능이나 불균형한 상황을 잘 견뎌내야 한다. 비행기 조종사가 목적지로 향하면서 목적지와 방향이 어긋나는 시간은 전체 시간의 99퍼센트라고 한다. 조종사는 바람, 비, 고도, 진동 등 모든 비행 상황을 고려해 끊임없이 경로를 수정하고 수많은 요소를 계산한다. 이때 그 비행기를 통제하려는 강박관념에 사로잡힌 것이 아니다. 조종사가 통제 강박에 사로잡히면 비행을 계속하면서 변화하는 요소에 대해 융통성이나 객관성을 갖고 조정하지 못할 것이다. 그러면 결국 비행기를 안전하게 몰수 없게 된다. 조종사가 현재 벌어지고 있는 일에 중점을 두고 그 상황을 확실히 인지해야만 지금 무엇이 필요한지, 어떻게 해야 건전하게 통제할 수 있는지 알 수 있다.

우리의 삶과 인간관계도 마찬가지이다. 통제 강박에 사로잡히면 일상생활의 자연스러운 의사소통을 할 수 없고 변화하는 상황, 상대의 반응, 실로 필요한 것, 자신이 그 순간에 정말 원하는 것 등을 알 수 없게 된다. 자신과의 관계에서 또한 끊임없이 스스로 감시하고, 통제하며, 확인하고, 특정 행동을 취하거나 특정 방식으로만 먹거나 말하고 옷을 입도록 자신을 압박하면 건전한 삶의 균형을 이룰 수 없다. 자기 본연의 흐름을 존중하지 않고 불균형한 삶을 만들게 되는 것이다.

한 남성이 누에고치를 발견했다. 고치에 조그만 틈이 있었다. 그는 앉아서 나비가 그 작은 틈을 뚫고 필사적으로 나오는 모습을 몇 시간 동안 지켜보았다. 조그만 틈이 벌어진 후로 별다른 진척이 없는 듯했다. 나비를 도와주고 싶었던 그는 가위를 들고 와 고치를 살짝 잘라 주었다. 그러자 고치에서 나비가 툭 떨어졌다. 하지만 나비의 몸통은 아직 퉁퉁 부어 있었고 날개는 쪼그라들어 있었다. 그는 나비가 언젠가 몸을 지탱할 수 있을 정도로 활짝 날개를 펼 수 있을 것이라 기대하며 계속 지켜보았다. 그러나 아무 일도 일어나지 않았다. 나비는 부은 몸과 쪼그라든 날개로 기어 다니면서 남은 생을 보냈다. 남자는 나비가 고치 속에 갇혀 고통을 이겨내야만 날 수 있다는 사실을 몰랐다. 나비는 몸통에서 나오는 액체를 이용해 자연적으로 벌어진 작은 틈을 스스로 벌려야 고치에서 자유로워질 수 있다. 그 역경을 이겨내야 하늘을 날 수 있는 튼튼한 날개를 얻을 수 있는 것이다. 이것이 자연의 섭리이다.

—《일상에서 발견한 감동》

자연의 흐름, 즉 삶의 순리를 믿어야 한다. 때로는 고통도 필요하다. 삶을 살아가는 데 어떤 장애물도 없다면 우리에게 반드시 필요한 힘을 기르지 못할 것이다. 물론 자연의 순리가 모두 받아들이기 좋은 것만은 아니다. 우리 인생에서는 노화와 죽음이 특히 그러하다. 이어서 노화와 죽음에 대한 걱정을 이야기해보자.

노화와 죽음에 대한 걱정

예순에도 당신이 여전히 아름답다면
그것은 당신 영혼의 아름다움이라 할 수 있다.
_마리 스톱스 Marie Stopes

어느 지인으로부터 튤립 화분을 선물 받았다. 며칠 후 잠자리에서 일어나 보니 샛노란 꽃잎이 수줍게 모습을 보이고 있었다. 봉우리에서 꽃이 피기 시작하자 튤립 화분은 그 진가를 드러냈다. 집안에 이미 여러 식물을 키우고 있었지만 관심은 온통 튤립으로 향했다. 이후 얼마 간 나는 꽃이 질까 봐 전전긍긍했다. 식물의 꽃은 오래 피어봤자 한 달 남짓이다. 그걸 잘 알면서도 걱정할 거리조차 못 되는 사소한 걱정에 사로잡혀 매일 같이 튤립을 돌봤다. 물을 주면서도 모자란 게 아닐까, 혹은 넘치게 준 건 아닐까 걱정했다. 결말은 여러분도 잘 알 것이다. 꽃은 때가 되자 미련 없이 졌다. 가장 빛이 잘 드는 곳에 놓였던 튤립 화분은 얼마 후 다른 화분에 자리를 내주고 구석으로 밀려났다.

꽃은 피었다가 지고, 모든 생명 있는 존재는 한 번 나면 언젠가 죽는다. 이것은 거스를 수 없는 자연의 섭리이다. 자연에서 시들고 죽는 것은 슬픈 일이 아니다. 그런데 유독 우리 사람만이 늙고 병드는 것에 대해 거부감을 가지고 있다. 앞날이 창창한 젊은이들조차 늙고 병들고 죽는 것을 두려워하니, 살아온 날보다 살아갈 날이 적은 사람들은 오죽하겠는가. 텔레비전만 봐도 그렇다. 채널을 돌리는 족족 '5살 어려 보이는 법' '노화를 예방하는 비법' '병 없이 사는 법' 같은 정보가 쏟아져 나온다. 안티 에이징이란 단어가 서점 건강 코너를 점령한 지는 이미 오래다. 필자의 주위를 둘러보더라도 노화를 흔쾌히 받아들이는 사람은 별로 없다. 그러나 대개는 씁쓸한 기분을 느낄 뿐 그것에 생각을 몰두하지는 않는다. 소용없는 일이란 걸 잘 알기 때문이다. 튤립이 질까 노심초사하는 것이 쓸데없는 일인 것처럼. 하긴 태어나는 순간부터 나이 들어 왔는데, 왜 나이 듦을 새삼스러워하는가.

그러나 이와는 정반대의 사고방식을 가진 사람들도 있다. 노화를 극도로 두려워하는 사람들이다. 그들은 변화를 두려워하며 또한 건강과 외모에 필요 이상의 관심을 쏟는다. 집착이 커질수록 전전긍긍한다.

♦ 변화를 받아들이면 인생이 자유로워진다

엘리는 기업 임원으로 빌딩 7층에 자신만의 사무실을 가지고 있었다. 경력은 탄탄했고, 몸매 또한 못지않았다. 그러나 오십 대에 접어들면서부터 엘리의 생각은 완전히 '노화'에 가 꽂혔다. 그는 멋진 근육질의 몸매만큼이나 주름 없이 말끔해 보이는 얼굴을 원했다. 피트니스 센터에는 매일 들렀고, 피부과에는 일주일에 한 번씩 갔으며, 반년에 한 번은 보톡스를 맞았고, 일 년에 한 번은 비싼 돈을 들여 질병을 검사했다. 아이러니한 사실은 몸을 열심히 관리할수록 걱정이 커졌다는 것이다. 검진을 받고 나면 정기적인 검사로도 발견되지 않은 질병이 있을까 봐 걱정했고, 비슷한 연배의 사람들을 보면 '남들이 보기엔 나도 저렇게 늙어 보이지 않을까' 걱정했다. 그는 남자가 지나치게 외모에 신경 쓴다며 사람들이 수군댈까 걱정되어 보톡스 맞는 것을 절대 비밀로 했다.

엘리가 원한 것은 완벽한 통제였다. 통제할 수 없는 것은 그의 불안감을 자극했고, 이제까지 그는 어떻게 해서든 그것을 자기 손아귀에 둠으로써 성공을 거뒀다. 그러나 노화만큼은 달랐다. 나이 듦과 죽음은 그가 통제할 수 없는 변화이다. 이 사실을 깨닫자 그는 점점 더 외모와 건강, 젊어 보이는 것(다시 젊어질 수는 없으니까)에 집착하게 되었고 반대로 늙어 보이거나 병드는 데 두려움을 느꼈다.

　그는 외적으로는 성공했을지 몰라도 내적으로는 전혀 자유롭지 못했다. 돈이 많아도 살찔까 걱정되어 원하는 음식을 마음껏 먹지 못했고, 남들이 부러워할 만한 직위에 있었지만 젊은 사원들과 자신을 비교하느라 성공을 만끽하지 못했다. 엘리가 자유로워지는 방법은 한 가지, 외모와 건강에 대한 집착을 버리고 나이 듦을 자연스럽게 받아들이는 수밖에 없다. 거스를 수 없는 순리를 통제하려 하지 마라. 소용없는 집착을 버려야 자유와 행복을 느낄 수 있다. 누군가 노화를 걱정하며 유한한 삶의 하루하루를 근심으로 보내는 동안, 다른 누군가는 순리를 받아들이고 남은 인생을 만족과 기쁨으로 채우고 있을 것이다.

걱정은
한계이다

삶의 무한한 가능성을 제한한다

> 전부를 원한다 해도 신은 그 소망을 들어줄 것이다.
> 다만 당신이 그것을 받아들일 준비가 되어 있어야 한다.
> _조지프 캠벨 Joseph Campbell

걱정의 또 다른 이름은 한계이다. 한계란 스스로의 능력과 활동 범위를 제한하고, 가능성을 가두는 것을 말한다. 자기계발이나 영적 발전에 관심 있는 사람이라면, 성공하기 위해(일에서의 성공이든 인생의 성공이든) 한계를 극복하고 잠재력을 발휘해야 한다는 말을 귀에 못이 박이도록 들었을 것이다. 그런데 걱정에 빠진 사람들은 모든 자기계발서가 하는 말을 완전히 반대로 하고 있다! 스스로를 자기만의 작은 감옥 안에 가두고 옴짝달싹 못 하게 한다. '이 이상을 시도하면 위험할지도 몰라' 라며 불안이 자신을 위협하는 소리에는 귀를 기울이면서도, 정작 '네겐 너 자신조차도 모르는 잠재력이 숨어있어' 라는 내면의 목소리는 완전히 무시한다.

🌱 걱정 많은 사람은 어떻게 자신을 제한하는가

'난 안 돼, 할 수 없어'라는 생각은 개인의 가능성을 가두는 가장 흔한 프레임이다. 필자는 이것을 '사고감옥'이라고 말한다. 사고감옥에 갇힌 사람은 이 감옥의 문이 안쪽에서 열리는 것이며, 바로 앞에 그 열쇠가 던져져 있다는 사실을 깨닫지 못한다. 그리고 이 문 밖으로 한 발짝도 나갈 수 없다며 절망한다.

필자는 한 소프트웨어 회사에서 근무하는 공학 천재를 상담한 적이 있다. 그의 이름은 매니로, 매사추세츠 공과대학을 우수한 성적으로 졸업한 후 인공지능 소프트웨어를 개발하는 회사에 스카우트되었다. 내가 그를 만났을 때는 이미 매니가 그 회사를 다닌 지 4년이 흐른 시점이었다. 그는 아직 이렇다 할 성과를 내지 못하고 있었다. 아니, 엄밀히 말하자면 연구에는 진척이 있었으나 그것을 상품화하는 데는 성공하지 못했다. 처음 그를 영입했던 상사는 내게 매니를 소개하며 이렇게 말했다.

"분명히 능력 있는 친구인데 왜 그렇게 매사 의기소침한 지 모르겠어요. 저는 아직도 그에게 가능성이 있다고 생각합니다만, 그 자신이 더 견디지 못하고 회사를 떠나려는 눈치예요. 대체 뭐가 문제인지 알아봐 주십시오."

일대일 상담을 시작하던 날, 매니는 내게 조심스럽게 말했다.

"전 아무 문제도 없어요. 다만 이 회사와 맞지 않을 뿐이죠."

이어서 그는 자신이 '창의적인 인재'가 아니라며, 상사의 기대에서 벗어나 부담감이 적은 회사로 옮기고 싶다고 했다. 필자는 회사 업무가 적성에 맞지 않아서 이직을 원한다는 매니의 말을 상사에게 전했다. 상사의 반응은 의외였다.

"아니요, 매니는 창의적인 인재입니다. 제가 그를 스카우트한 이유가 바로 거기에 있는 걸요. 연구자는 많습니다만 세상을 놀라게 할 만한 아이디어를 낼 수 있는 사람은 드뭅니다. 매니는 그런 아이디어가 많아요. 다만 자신의 생각을 관철하길 두려워하는 것 같습니다. 아예 드러내지도 않으려고 하고요."

다음 번 상담에서 이와 관련된 이야기를 꺼내자 매니는 어깨를 으쓱하며 말했다.

"저의 상사는 제가 대학생 시절 냈던 치기 어린 아이디어를 몇 개 봤을 뿐이에요. 저는 그 아이디어들이 쓸 만한 거라고 생각하지 않아요."

필자는 물었다.

"그렇다면 상사는 왜 여전히 당신에게 가능성이 있다고 믿는 걸까요? 그는 짧지 않은 기간 동안 사업을 성공적으로 이끌어 온 유능한 리더예요. 나는 그가 인재를 보는 안목이 나쁘지 않으리라고 확신할 수 있어요."

매니는 잠시 생각하는 듯했고, 얼마 후 솔직하게 자신의 이야기를 털어놓았다.

"저는 사람들 앞에 나서는 것이 두려워요. 저의 상사가 제 아이디어를 높게 평가했다면, 어쩌면 가치가 있는 것일지도 모르죠. 하지만 인정을 받기까지, 저는 반드시 다른 동료들 앞에서 제 아이디어를 설명하고 그들의 동의를 얻어내야 합니다. 회사 내에서 인정받으면, 그다음에는 투자자들 앞에 나서기까지 해야 해요. 하지만 전 그런 일을 잘해낼 수 없어요.

저는 어려서부터 남들 앞에서 발표하거나 저를 드러내는 일에 익숙하지 않았어요. 과학을 좋아하는 아이들이 괴짜나 찌질이라고 놀림 받는 것을 많이 봤기 때문에 더욱이 남들 눈에 띄지 않으려 노력했거든요. 천재든 괴짜든, 튀는 존재가 되면 괴롭힘당할 것이란 걱정에 항상 조심했어요. 대학에 들어간 이후로는 그저 연구만 하면 되니 좋았어요. 그런데 제가 연구모임 게시판에 쓴 것을 보고 저의 상사가 연락해왔던 거죠. 그는 저를 래리 페이지(구글의 창립자)로 생각했던 모양이지만, 제겐 그런 능력이 없어요. 무엇보다도 남들 앞에서 제 생각을 표현할 능력이 없고, 또 호감을 끌어낼 리도 만무해요. 제 아이디어가 아무리 좋아도 그것을 어필하지 못하면 다 무슨 소용이죠?"

매니는 한숨을 쉬며 덧붙였다.

"좋은 아이디어가 떠오르더라도 남들 앞에서 발표할 생각을 하면 비웃음을 사지 않을까 걱정돼요. 누군가의 비관적인 질문에 제가 잘 답할 수 있으리란 확신이 서지 않아요. 부들부들 떨다가 한마디도 하지 못하고 나오면 어떻게 하죠? 얼굴을 새빨개져서 말을 더듬기라도 한다면요? 저는 자존심이 상하는 걸잘 견디지 못해요. 그런 일을 당하면 결국 스스로 무너지고 말거예요. 이런저런 생각을 하다 보면 결국 아이디어를 서랍 속에 도로 넣어두게 되죠.”

매니는 타인으로부터 거부당하는 것에 강한 두려움을 가지고 있었다. 어린 시절 그는 ‘평범하지 않은’ 친구들이 괴롭힘당하는 것을 보고 겁을 먹었고, 그래서 내성적이고 조용한 성격으로 자라났다. 이제 존재감을 드러낼 기회가 찾아왔지만 한 번도 해보지 않은 일에 대한 두려움으로, 자신은 제대로 해내지 못할 것이며 일을 망치고 말 거라는 걱정에 사로잡혀 있었다. 또한 한 번도 목적을 위해 자존심을 꺾어본 경험이 없었기에, 그것이 걱정되어 자신을 관철할 기회를 포기했다. 그는 창의적인 사람이 확실했지만, ‘잘 안 되면 어떻게 하지’ 라는 걱정으로 자신의 가능성을 가두고 있었다.

🌱 실제로 겪으면 별일도 아닌 것을

걱정은 타고난 천재성마저 무력화시킨다. 매니는 결국 회사를 떠났다. 그의 천재적인 아이디어가 세상의 빛을 보기란 앞으로도 한동안 어려울 것이다(어쩌면 영영 그런 일은 일어나지 않을지도 모른다). '잘못되면 어쩌지' '실패하면 어떻게 하지' 같은 걱정이 꼬리에 꼬리를 물다 보면 다다르는 곳은 결국 사고감옥이다. 걱정이 만들어내는 사고감옥은 일어나지 않은 일, 겪어보지 않은 일에 대한 두려움 속에 자신을 가둔다. 그리고 그러한 두려움이 반드시 현실이 될 거라 여기며 '나는 안 돼' '난 할 수 없어'라고 결론 내린다.

이 사고감옥에서 벗어나는 방법은 간단하다. 걱정하는 일이 일어나더라도 괜찮다고 생각하는 것이다. 두려움을 이기려 하는 것이 아니라, 그 자체를 놓아버려야 한다.

매니가 한 번이라도 아이디어 제안에 참여했다면 결과는 달라졌을 것이다. 그는 생각만큼 떨지 않았을 것이고, 무엇보다도 그의 아이디어를 비난하거나 그를 비웃는 사람은 없었을 테다. 물론 누군가 예상 밖의 질문을 던졌을 수 있다. 그로 인해 당황한 나머지 우왕좌왕하느라 자존심에 상처를 입었을지도 모른다. 다시 말해, 그의 걱정이 현실이 되었을 가능성도 없지 않다. 그러나 그러면 뭐 어떤가?

걱정했던 일이 막상 현실이 되면 생각했던 것만큼 끔찍하지 않음을 깨닫게 된다. 소설가 마크 트웨인은 자신이 겪은 가장 끔찍한 일은 모두 머릿속에서만 벌어졌다고 한 바 있다. 상상은 항상 현실을 뛰어넘는다. 자존심에 상처를 입으면 자신이 무너지고 말 거라는 매니의 걱정은 완전한 비약이다. 다소 괴롭고 우울할지도 모르지만, 보통 사람이라면 그러한 감정은 오래지 않아 사라진다. 오히려 자존심을 회복하기 위해 더욱 능력을 발휘해 한 단계 높은 수준의 성취를 이뤄냈을지도 모르는 일이다. 그러나 매니는 좋은 방면으로는 상상력을 발휘하지 못했다. 걱정 많은 사람들이 대개 그렇다. 걱정은 비관적인 쪽으로 생각을 몰고 간다. 걱정 많은 낙관론자에 대해 들어본 적이 있는가? 낙천적이면서 걱정이 끊이지 않는 사람은? 오히려 낙천적인 사람조차도 비관론자로 만들어버리는 것이 걱정의 특징이다.

🌱 우리의 인생에는 무한한 가능성이 존재한다

영어에서는 재능을 '선물gift'이라 표현한다. 이 단어가 나타내는 의미는 다음과 같다. 우리 모두는 태어날 때부터 신에게 부여받은 능력을 한 가지 이상 가지고 있다는 것이다. 즉, 신은 우리에게 공평하게 선물을 나눠주셨다. 그런데 선물을 대하는 우리들의 자세는 제각각이다. 어떤 사람은 진작부터 그것이 선물임을 알아보고 감사한 마음으로 받아들인다. 부여받은 재능을 발전시키며, 신의 축복을 삶의 자양토로 삼는다.

그런가 하면 아예 선물 그 자체를 알아보지 못하는 사람도 있다. 그들은 주체할 수 없을 정도로 놀라운 능력이 곧 재능이며, 재능이 있다면 자신도 성공할 수 있었을 것이라고 생각한다. 그러면서 신이 자신에게만 선물을 주지 않았다고 원망한다. 지금 자신이 가지고 있는 소박한 재능 안에 실은 엄청난 잠재력이 숨어 있다는 사실을 깨닫지 못하고, 왜 자신에게는 크고 화려한 선물이 주어지지 않았는지 늘 불만이다.

그런데 또 한 무리의 사람들은 자신의 재능을 알아보고도 그것을 물끄러미 바라보고만 있다. 걱정 많은 사람들이 그들이다. 이 선물을 열면 무엇이 튀어나올지 몰라 지레 겁을 먹기도 하고, 그 선물이 정말 자신의 것인지 의구심을 품기도 한다. '이 재능으로 과연 먹고살 수 있을까' '어떤 사람들에게는 재능이 독이 되기도 한다는데, 행복하기보다는 불행에 가까워지는 재능이 아닐까' '내가 하고 싶은 일과 내가 가진 재능이 다르면 어떻게 하지' 등등. 그들은 삶의 가능성을 '위험성'으로 왜곡한다. 자신이 만들어놓은 사고감옥 안에 앉아 그 위험으로 멀찌감치 떨어지려고 노력한다. 즉, 삶의 가능성을 제한하면서 자신이 인생을 통제하고 있다고 착각하는 식이다.

그러나 신이 주신 선물의 진가는 바로 '가능성'에 있다. 삶이 우리에게 제시하는 모든 가능성에 도전할 때, 재능은 비로소

제 빛을 발하고 인생은 성취, 몰입, 환희 같은 긍정적인 것들로 가득 찬다. 긍정적인 것들의 가치를 생각하면, 그 과정에서 겪게 되는 실패나 고통은 충분히 감당할 만하다. 아니, 실제로 겪게 되면 머릿속으로 상상했던 것보다 훨씬 나쁘지 않음을 깨달을 것이다.

지금 당장 선물상자를 열어라. 감사한 마음으로 재능을 받아들이고 잠재력을 일깨우는 모든 도전에 임해라. 당신이 걱정하는 어떤 일도, 신이 주신 삶의 가능성을 포기하는 것보다 끔찍하지는 않다.

걱정은 인생의 함정이다

> 고통받을까 두려워하는 사람은
> 이미 두려움으로 인해 고통받고 있다.
> _미셸 몽테뉴 Michel de Montaigne

걱정 많은 사람들은 상상력의 귀재이다. 종종 그들이 걱정하는 내용을 들으면 어떻게 저런 일까지 상상하는지 놀라울 정도이다. 그 자신 또한 걱정거리에 대해 한참 늘어놓은 다음 가끔 멋쩍은 웃음을 지으며 "물론 현실 가능성이 그리 높지는 않지만 말이야……"라고 덧붙이기도 한다. 현실성이 떨어지는 생각이란 걸 알면서도 그들이 걱정을 쉽게 포기하지 못하는 이유 중 하나는 인생의 도박꾼이 되고 싶지 않아서다. 그들은 자신과 가족의 인생이 카지노 게임처럼 돌아가기를 원치 않는다고 말한다. 그리고 걱정이 비록 자신을 괴롭히고는 있지만, 대신 많은 일에 대비함으로써 우연에 지배당하지 않을 수 있으리라 기대한다.

💚 걱정은 신중함과는 거리가 멀다

이런 생각은 걱정이 만들어낸 교묘한 함정이다. 걱정은 우리 머릿속에서 살아남기 위해 자신을 합리화하는데, 그 대표적인 것이 바로 자신을 조심성과 착각하도록 만드는 것이다. 그리고 사고를 극단적으로 이끌어 과단성을 일종의 도박처럼 느껴지게 한다. 내면의 목소리가 '한 번 도전해보는 거야'라고 말하면, 걱정은 확실하지 않은 일에 뛰어드는 것을 '너무 위험한 일'로 판단하고 불안의 경보등을 켠다. 긴장을 느끼고 심박 수를 빨라지게 함으로써 도전을 포기하고 안전을 추구하게끔 만든다. 앞서도 잠깐 소개한 샤나는 그래서 한 번도 비행기를 타고 여행하지 못했다. 운전면허는 땄지만 운전을 못 하는 사람도 있으며, 매니처럼 도전을 포기하고 재능을 썩히는 경우도 있다.

그러나 인생에서 확실한 일이란 존재하지 않는다. 우리는 앞날을 치밀하게 계산할 수는 있어도 완벽하게 알 수는 없다. 과학자들은 나비효과(브라질에 있는 나비의 날갯짓이 텍사스에 토네이도를 발생시킬 수 있다는 과학이론)를 연구함으로써 제아무리 기술이 발달해도 완벽한 관측은 불가능하다는 것을 증명해냈다. 나비효과는 우리가 사는 세계가 인간으로서는 이해하기 어려운 카오스(혼돈) 상태임을 설명하는 데 쓰인다. 카오스 이론에 따르면 세상의 인과율은 인간의 인지능력을 한참 벗어나 있다. 세상은 변화를 멈추지 않는다. 1분 전의 세상과 지금의 세상, 1분 후의 세상이 같지 않으며 1분 후의 세상이 무엇으로 인해 어떻게 바뀔지 알 수 있는 것은 오로지 신뿐이다. 지상의 존재라면 불확실성을 감수하지 않을 수 없다. 따라서 불확실성이 두려우니 그 자리에 꼼짝없이 머무르라는 머릿속 걱정의 '경고'는 그야말로 헛소리에 불과하다. 안전을 담보하기는커녕 인생을 정체시키는 함정에 가깝다.

🌿 걱정의 경고는 무시하라

걱정이 심해지면 좀처럼 중도에 끊기가 어렵다. 한 가지 걱정이 끝나도 곧장 다음 걱정이 시작되고, 별것 아닌 계기로 몇 년 전 일까지 떠올리며 '어쩌지, 어쩌지' 노심초사하기도 한다. 걱정이 멈춰지지 않는 이유는 1장에서 설명한 바와 같다. 그것이 불안이라는 본능에 딱 달라붙어 있기 때문이다. 멈추려고 해서 쉽게 멈춰지지 않으며, 걱정을 버리기 위한 꾸준한 연습이 필요하다(이와 관련해서는 3장에서 자세히 설명할 것이다).

그러나 걱정을 완전히 끊을 수 없더라도 최소한 무시하는 것은 가능하다. 나쁜 상상을 떨쳐버릴 수 없으면 크게 호흡하고

‘이건 의미 없는 공상이야. 실제와는 아무 관련도 없어’라고 되뇌어라. 걱정의 경고를 무시하고 지금 해야 할 일을 하라. 존 레논은 “인생이란 우리가 계획을 세우느라 분주한 동안 일어나는 그 무엇이다”라고 했다. 존 레논의 말처럼 우리의 머릿속에서 벌어지는 일은 실제 인생이 아니다. 걱정 따위 무시해도 아무런 일도 일어나지 않는다.

근심이 깊어 자신을 객관적으로 보기 어려우면 주변 사람에게 도움을 청하는 것도 좋다. 자신의 걱정을 적어서 보여주고 어떻게 생각하는지에 관해 물어보라. 주변의 걱정 많은 사람이 있다면 반대로 그의 걱정거리가 무엇인지 살펴보는 것도 좋다. 내 것이 아닌 남의 것을 바라보면, 태반은 별로 걱정할 거리도 못 된다는 걸 알게 될 것이다. 당신의 걱정 또한 남의 눈에 다르지 않게 보일 것이다.

코끼리를 우리 없이 가두는 법

교육은 어머니의 무릎에서 시작되며
유년기에 들은 모든 언어가 성격을 형성한다.
_아이작 바로우 Isaac Barrow

어느 서커스단이 코끼리를 방목하는 것을 본 방문객이 놀라서 주인에게 물었다.

"이렇게 커다란 코끼리를 사슬도 안 채우고, 우리 속에 가두지도 않은 채 놔두면 도망가지 않을까요?"

주인은 이렇게 대답했다.

"우리는 아주 어린 코끼리를 사슬에 매어놓습니다. 몇 년간 새끼 코끼리는 아무리 발버둥 쳐봤자 사슬을 벗어날 수 없다는 걸 깨닫지요. 그리고 점차 사슬의 길이를 늘여줍니다. 이제 사슬에 익숙해진 코끼리는 더 이상 사슬을 끊으려 하지 않고 그것이 제한하는 범위 내에서만 움직여요. 그러면 어른이 된 코끼리는 사슬을 풀어버려도 그 범위 안에서만 행동합니다."

어린 시절부터 제한에 익숙해지면, 어른이 되어 힘이 충분해
져도 제한에서 벗어날 생각조차 하지 못한다. 이 유명한 이야
기는 단지 코끼리뿐 아니라, 우리 인간에게도 적용된다. 사람
을 제한하는 요소는 여러 가지가 있지만, 이 책에서는 '걱정'에
관해 살펴보려 한다.

🌱 부모의 걱정은 코끼리를 묶은 사슬과 같다

부모라면 누구나 자녀에 대해 지극한 관심을 가지고 있다. 자
녀에게 신경을 기울이며, 혹여 무슨 일이라도 생기지 않을까,
아프지는 않을까 걱정한다. 그러나 걱정도 어느 정도다. 너무
많은 걱정은 아이가 자유롭게 자라나 도전적인 정신을 가진 어
른으로 성장하는 것을 방해한다.

　요즘에는 아이들의 위생과 안전을 염려하는 부모가 많다. 가
능하면 좋은 식재료를 사서 먹이고, 깨끗하고 위생적인 환경에
서 자라도록 배려하는 것은 당연하다. 그러나 아이가 병에 걸
릴까 두려워 아주 작은 세균조차 용납하지 않으려는 사람들이
있다. 이런 아이들은 흙에서, 들판에서 자유롭게 뛰어놀지 못
한다. 왕성한 호기심으로 무언가를 만지고 입에 넣는 것은 자
연스럽고도 아이의 본능인데도, 깜짝 놀라 뛰어와서 손에 쥔

물건을 뺏고 아이를 혼낸다. 이런 식으로 키워진 아이에게 집 바깥의 세상은 위험천만한 것투성이다. 처음에는 부모에게 혼날까 봐 두려워 조심하지만, 조금 더 크면 부모의 걱정이 전이되어 아이 스스로도 '이걸 만지면 병에 걸리지 않을까' '저건 위험한 물건이 아닐까' 매사 걱정부터 하게 된다.

아이와 부모 사이에는 감정 전이라는 것이 있다. 아주 갓난아이들도 엄마가 웃으면 따라 웃는다. 감정 표현이 격한 부모에게서 자라난 아이들은 부모와 마찬가지로 감정 변화가 심하다. 마찬가지로 부모가 노상 불안해하며 전전긍긍하면, 아이들도 불안함을 자주 느끼게 된다. 새로운 일에 도전하기를 꺼리며, 위험보다는 안전을 택한다. "그건 해서는 안 돼" "하지 마"라는 부모의 말이 코끼리의 사슬처럼 작용하기 시작한다. 처음에는 이런저런 모험을 시도해보다가 거듭해 꾸짖음을 듣게 되면, 어느 순간부터 아이의 내면은 부모의 불안감에 종속된다. 부모의 걱정에 동화되어 비슷한 걱정거리를 가지게 되는 것은 물론이다. 청소년기에는 반항심을 품고 저항해보기도 하지만, 결국은 부모와 꼭 닮은 자신을 발견하고 마는 사람들을 주변에서 심심찮게 찾아볼 수 있다.

이민 1세대인 멜리사의 어머니는 언제나 돈이 걱정이었다. 멜리사와 그녀의 남동생은 어린 시절부터 아주 적은 금액이라도 지출하고 나면 꼭 한숨을 쉬며 걱정을 늘어놓는 엄마의 이야기

를 들어야 했다. 멜리사는 어머니의 돈 타령이 지겨워 성인이
된 이후로는 오로지 돈을 모으는 데 전력을 기울였다. 지금 멜
리사는 안정적인 직업을 가지고 있고, 같은 직종의 남성과 결
혼해 뉴저지의 아파트에 살지만 여전히 돈 걱정에 시달린다.
그녀는 엄마와 똑같은 걱정을 하는 자신에 때때로 놀라며 이제
는 그럴 필요가 없다는 걸 잘 알지만, 그럼에도 돈 걱정에 남편
과 마음 놓고 여행 한 번 제대로 가지 못하고 있다.

심리학자들에 따르면 도전의식은 타고난 성격일 뿐 아니라
어린 시절 학습되는 것이다. 긍정적인 성취를 경험한 아이들은
자라서도 새로운 도전에 두려움을 느끼지 않는다. 반대로 무기
력감 또한 학습된다.

"실패할까 봐 걱정이야."

"세상이 얼마나 위험한지 몰라? 너 혼자서는 안 돼."

"다른 애들보다 뒤처지면 어떻게 하려고 그래?"

이런 말들은 아이들에게 무력감을 심어준다. 무엇을 상상하
든 결국 자신을 잘 될 수 없다는 결론에 다다른다. 부모가 일찌
감치 아이에게 사고감옥을 물려주는 꼴이다.

걱정은
게으름이다

의도치 않은 게으름뱅이들

운명은 우연이 아닌 선택의 문제이다.
_윌리엄 제닝스 브라이언 William Jennings Bryan

우리가 사는 세상은 점점 더 복잡하고 분주해지고 있다. 예전 같았으면 한 가지 일도 제대로 하기 어려웠을 기간 동안 이제는 열 가지, 스무 가지 일을 더 해내야 한다. 매일 아침 필자의 메일함에는 십여 통의 편지가 와있는데 전날 저녁에 메일함을 확인하고 집에 다녀오는 사이에만 그 정도가 쌓인다! 청소년기에는 친구에게 편지 한 통 쓰는 데도 꼬박 하루가 걸렸었다. 이제는 매일 수십 통이 넘는 편지를 살펴보고 거기에 짧든 길든 답신을 보내야 한다. 심지어 그 일은 워밍업에 불과하다. 이메일을 확인하는 일이 끝나면 본격적으로 하루 업무가 시작되니까.

이처럼 속도가 전부인 세계에 살기에, 어떤 이들은 게으름을 찬양한다. 여유를 가지고 잠시 주위를 둘러보라는 것이다. 너나 할 것 없이 시간에 쫓기는 현대인들에게 오히려 세상의 시간에서 벗어나 느림을 즐기라는 역설적 조언은 분명 귀 기울일 만한 것이다. 그런데 정반대의 조언이 필요한 사람들도 있으니 바로 '걱정 많은 게으름뱅이'들이다. 그들의 머릿속은 항상 바쁘게 돌아가고 있기에, 누군가 '게으르고 느리다'고 말한다면 화를 낼지도 모른다. 행동이 좀 느린 것은 인정하지만, 생각이 많아 느린 것을 게으르다고 표현하는 것이 과연 옳은가 반문할 수도 있다. 물론 느린 것과 게으른 것은 다르다.

　여기서 필자가 말하는 게으름의 정의부터 분명히 해둬야겠다. 이 책에서 가리키는 게으름은 '어떤 일을 하기 싫어 빈둥대는 것'이 아니다. '지금 당장 해야 하는 일을 하지 않고 생각만 하며 미루는 것'이다. 능동적으로 인생을 살아가는 것이 아니라 선택과 결정에 수동적이면서 위험을 피하기에 급급한 삶의 태도이다. 머릿속은 바쁘고 괴롭지만, 결국 현실에서는 아무 일도 행하지 못하는 무기력함이다.

● 선택하지 않은 사람들

　지역 유통업체의 대표인 마크는 지금까지 여러 부류의 직원들과 일해 왔지만 그중에서도 걱정 많은 사람들과 함께하기가 가장 힘들었다고 말했다.

"걱정이 많으면 비관론자가 되기 쉽습니다. 나쁜 상황을 자꾸 상상해내죠. 생기지도 않은 일에 대해 미리 걱정하니 해결할 방법이 없습니다. 특히 걱정 많은 사람이 간부급일 경우엔 속이 터져요. 사업에는 결단이 필요한 시점이라는 게 있거든요. 그 시점을 지나면 기회가 떠나버리는데, 도무지 결정을 못 내리는 겁니다. 머릿속이 생각으로 꽉 차서 움직이질 못하나 봐요. 보다 못한 제가 일단 일을 시작하고, 문제가 생기면 그건 그때 가서 차차 해결하자고 말합니다. 그러면 그제야 일을 하기 시작하죠."

걱정 많은 사람들이 선택과 결정에 수동적인 이유는 무엇일까? 앞장에서도 언급했지만, 걱정이 만성화되면 가능성을 위험성으로 왜곡하게 된다. 긍정적인 것들은 보이지 않고 부정적인 것들을 우선적으로 인지한다. 자연히 부정적인 요인이 가져올 문제들만 머릿속에 자꾸 떠오른다. 목표 달성의 긍정적 효과보다는 목표를 달성하지 못했을 때의 고통이나 참담함이 더 현실성 있게 느껴진다. 이처럼 결과를 부정적으로 인식하니 선택해야 하는 상황이 괴로울 수밖에 없다. 회피하거나, 다른 이에게 떠넘기게 된다.

장 폴 사르트르는 "선택하지 않는 것도 선택이다"라는 유명한 말을 남겼다. 그러나 '선택을 회피하는 것도 선택'이라고 할 수 있을까? 사르트르의 말에는 선택이 스스로의 책임이라는 뜻이 전제되어 있다. 선택하든 안 하든 그건 본인의 결정이다. 책임은 자신이 지므로 당당하게 "선택하지 않는 것도 선택"이라 말할 수 있다. 반면 회피하는 것은 도망치는 것이다. 책임과 도망이라는 말은 전혀 어울리지 않는다. 선택을 회피하고 떠넘기려는 사람에게 그 선택은 자신의 것이 아니다.

✿ 무능하게 느끼기 때문에 게을러진다

선택과 결정에 수동적인 또 다른 이유는 스스로 무기력하다고 느끼기 때문이다. 걱정이 머릿속에서 꼬리에 꼬리를 물면 결코 좋은 방향으로 발전되지 않는다. 상상은 점점 극단적으로 치닫는데, 그 상상 속에서 자신은 아무런 힘도 가지지 못한다.

걱정이 지나친 나머지 자신이 남을 해치게 될까 두려워하는 사람들이 있다. 한 중년남성은 자신이 가족을 다치게 할까 봐 겁이 나서 운전하기가 힘들다고 호소했다.

"운전할 때면 제가 어느 날 갑자기 핸들을 꺾어 낭떠러지로 떨어지지 않을까, 그래서 함께 타고 있는 가족들까지 모두 죽음을 맞는 건 아닐까 하는 생각이 들어요. 저도 모르게 그런 상상이 떠오르면, 실제로 제가 가족들을 해칠까 걱정돼요. 자신을 제어하지 못하면 어떻게 하죠?"

그는 지극히 평범한 가장이었고, 우울증이나 다른 정신 병력도 없었다. 다만 비행기나 자동차에 대한 두려움으로 잦은 걱정과 공상에 빠질 뿐이었다. 상상 속에서 그는 자신의 행동을 제어하지 못했기에 무력감을 느꼈고, 그 때문에 자신이 그런 일을 (본인의 의지와 관계없이) 저지를지 모른다는 걱정에 사로잡혔다.

실패와 관련된 상상만을 거듭하다 보면 실제로도 자신이 무능하다고 느끼게 된다. 공상이 지나쳐 현실처럼 느끼는 것이다. 세상에 잘할 수 있는 일이 없는 듯하고 무슨 일을 해도 결국 잘 안 될 것만 같다. 게다가 평소 피로나 약간의 우울감이 있었다면 무기력감은 더욱 심해져서 결국 아무런 선택도, 결정도 하지 못하는 단계에 이른다. 지금 해야 할 일들을 눈앞에 두고도 손을 대지 못한다. 어떤 선택을 하든 두렵기 때문이다. 선택한 다음에도 '제대로 하고 있는 걸까' '이보다 더 나은 선택을 할 수 있지 않았을까' '미처 내가 보지 못한 부분은 없었나' 등등 끊임없이 곱씹고 때로는 선택을 번복하기도 한다. 과거나 미래를 생각하느라 시간을 다 보내는 사이, 지금 당장 해야 할 일의 마감 기한은 점점 다가온다.

🌱 지금 바로 이 순간에 충실하지 못한 죄

선택에도 시기가 있다. 어느 시기를 지나면 아무리 현명한 선택을 했더라도 소용없는 일이 되고 만다. 반대로 시기에 맞는 적절한 선택은 때로 우리 삶을 180도 전환시키는 터닝포인트가 되어준다.

생각을 많이 한다고 해서 그것이 곧 현명한 선택으로 이어지는 것은 아니다. 현명한 선택에는 신중함과 치밀함뿐 아니라 시의적절한 판단력과 직관이 필요하다. 그러기 위해서는 눈을 크게 뜨고 직면한 문제를 살피며, 지금 현재를 살아야만 한다. 그러나 걱정은 우리의 생각을 자꾸만 과거나 미래로 데려간다. 이전에 있었던 일을 곱씹거나 미래의 일을 상상하느라 에너지를 분산시키고, 소모하게끔 만든다. 걱정이 깊어질수록 부정적인 감정과 생각이 강해지므로 능동적으로 대응하지 못하고 움츠러들게 된다. 두렵기에 회피하고, 한번 피하게 되니 현실에 충실하기가 힘들어지는 것이다. 하지 못해서 안 하는 것이 아니라, 어쩐지 내키지 않아서 '안 하는' 상태가 되고 만다. 앞서도 말했지만 게으름은 단순히 빈둥대는 것이 아니다. 지금 할 일을 미루는 것 또한 게으름이다. 만약 걱정 많아 지금 할 일에 손을 대지 못하고 있다면, 당신은 의도하지 않았더라도 이미 게으름뱅이가 된 것이다.

걱정이 많아 생기는 게으름을 본인은 전혀 인지하지 못할 수도 있다. 혹시 자신이 아래 항목 중 하나에 해당되지는 않는지 살펴보자. 두 가지 이상 해당된다면 걱정 많은 게으름뱅이일 가능성이 있고, 세 가지 이상이면 가능성이 농후하다.

- 선택하고 나면 후회할 것을 알기에 선택하기가 힘들다.
- 과거 어느 시점의 선택을 놓고 지금까지도 '어쩌지, 어쩌지' 하며 걱정하곤 한다.
- 선택하고 나면 더 좋은 선택이 있지 않을까, 미처 못 본 것이 있지 않을까 싶어서 괴롭다.
- 일에 착수하기까지 마음의 준비가 필요하다.
- 다른 일이 신경 쓰여 지금 하고 있는 일에 잘 집중하지 못한다.
- '잘못되면 어쩌나' 라는 생각이 머릿속을 떠나지 않는다.
- 언젠가 꼭 나쁜 일이 생길 것만 같다.

완벽은 최선이 아니다

모든 것이 완벽해질 때까지 기다리기만 하는 이들이야말로
사람을 미치게 만드는 자들이다.
_리 아이아코카 Lee Iacocca

완벽주의가 걱정을 부른다는 것은 잘 알려진 사실이다. 모든 과정과 결과를 철두철미하게 자신이 지휘하기를 원하며, 최상의 결과를 추구하기에 오히려 걱정에 빠진다. 실수를 지나치게 두려워하기 때문이다. 아리스토텔레스는 "인간이 하는 모든 행위의 궁극적인 목적은 선(善)"이라고 말했다. 그리고 선과 행복을 동일시했다. 완벽주의자들은 여기에 더해 선과 행복, 그리고 무결점을 동일시한다.

완벽한 것은 과연 좋은 것인가? 무결점이 곧 선인가? 우리는 '좋다'라는 말을 아무 생각 없이 흔하게 쓰지만, 공통된 의미를 찾기란 쉽지 않다. 사람들은 각자 '좋음'의 기준을 가지고 있으며 그것은 대개 일치하지 않는다. 심지어는 30년을 함께 산 부

부마저도 서로에게 진정 '좋은 것'이 무엇인지 알지 못한다! 그러니 무엇이 선이냐는 모호한 질문은 그만두자. 이번엔 정반대의 질문을 던져보면 어떨까? 완벽하지 못한 것은 나쁜 것인가? 결점은 곧 악(惡)인가? 모든 인간이 각자 결함을 가지고 있다. 이러한 단점은 모두 없애야만 하는 것인가? 다음의 이야기를 보자.

수피교의 한 교도가 물었다.

"수도사님은 왜 그토록 많은 실수를 저지르시는 겁니까?"

"실수를 저지르지 않으면 완벽하다고 존경받을 수는 있겠지. 그러나 자신의 존재를 알리지는 못한다네. 실수해서 타인으로 하여금 실수한 이유를 묻게 하여야지."

"사람들이 물으면 무엇을 얻을 수 있습니까?"

"사람들이 그의 거짓 모습이 아닌 진실한 모습을 볼 수 있게 된다네."

실수할 수 있는 권리를 포기하는 것은 인생의 최대 실수이다. 선택은 자신의 자유를 되찾을 수 있는 거대한 발걸음이며, 선택할 수 있는 능력은 인간에게 주어진 위대한 재능이다. 신은 우리 삶에 고난이라는 짐을 얹어주셨지만, 그에 상응해 선택이라는 권리를 선물로 주셨다. 모든 선택은 온전히 자신의 것으로, 자신만의 개성에 따라 결정된다. 거꾸로 말하자면 선택하

는 능력이 있기 때문에 자기 자신만의 모습이 형성된다고도 할
수 있다.

🌱 선택의 다른 이름, 포기를 받아들여라

　삶은 본질적으로 선택이며, 오늘의 나는 연속된 선택의 결과
이다. 근대인들에게도 그랬고, 21세기를 사는 우리에게도 어김
없이 해당되는 진리이다. 문제는 19세기 사람들에 비해 현대인
들에게 너무 많은 선택의 기회가 주어진다는 데 있다. 너무 많
은 정보가 들어오고, 클릭 몇 번에 다양한 선택사항들이 모습
을 드러낸다. 당신은 몸에 맞고 편안한 속옷 한 장을 사고 싶을
뿐인데, 인터넷 쇼핑몰에서 '속옷'을 검색하면 수천 수백 개의
상품이 눈앞에 진열되는 식이다.
　현대는 한 눈에 조망하기 어려운 복잡한 세상이라는 걸 잊어
서는 안 된다. 그 모든 가능성의 연관관계를 알아보는 것은 불
가능하며(앞서 언급한 '나비이론'을 떠올려보라. 인생을 지배
할 수 있다는 것은 그야말로 착각에 불과하다!), 더욱이 그것을
알아보느라 지체할 시간도 없다. 속도가 전부인 세상이 아닌
가. 우리는 모든 가능성에 대해 알아보기도 전에 판단하고 선
택하라는 압박을 받는다.

선택에는 반드시 포기가 따른다. 하나를 선택하면 다른 것들을 포기해야만 한다. 예전에는 그것을 기회비용이라 하고, 가보지 않은 길의 비용을 산정하는 것이 최선의 결과를 내는 방법이라 말했다. 걱정 많은 사람 중에는 아직도 이러한 사고방식을 가진 경우가 많다. 그러나 현대인들의 인생에는 가보지 않은 모든 길을 상상할 만한 여유가 없다. 너무 복잡한 세상에서 그 모든 가능성과 파생효과를 따져본다는 것 자체가 어불성설이다.

이미 지나간 일이나 일어나지 않은 일을 생각하며 아쉬움과 후회로 에너지를 낭비하지 마라. 선택에는 포기가 따른다는 것을 받아들이고, 여러 가능성 중에서 자신의 원칙과 가치에 부합되는 것을 선택하는 편이 현명하다. 자신의 두 발로 똑똑히 서서 눈, 귀, 마음을 모두 열고 선택하라. 자동적인 일상을 보내면서 자신이 틀에 박힌 일상이나 필연, 운명의 피해자라고 생각하는 경우가 많다. 다른 사람으로 인해 희생을 강요당하고 있다고 생각하기도 한다. 어제 포기한 것에 대한 생각에 사로잡혀 내일까지도 괴로워하는 것이 걱정 많은 사람들의 특징이다. 그러나 우리에게는 매일 다른 선택의 기회가 주어진다. 더 이상 미련을 둘 필요가 없다.

걱정은
불신이다

가면은 불안을 부른다

자신을 진실한 모습이 아닌 다른 모습으로 생각한다면
이는 스스로를 감옥에 가두는 것이다.
_선불교

우리는 타인에게 비난이나 무시를 당하고 웃음거리가 될까 봐 걱정한다. 이런 생각을 하면 삶이 버거워진다. 또한 남과 다르게 행동해서는 안 된다고 교육받았기에 많은 이들이 자신의 가치관을 다른 사람과 비교하고 그에 맞춰 살아간다. 타인의 시각에서 자신을 바라보며, 자신을 진정한 자신이 아닌 다른 존재로 만들어 가는 것이다.

♦ 거짓 자아란 무엇인가

우리는 본래의 모습을 스스로 거부하고 있다는 것을 알지 못한 채 타인에게 인정받지 못할까 봐 노심초사하며 살고 있다. 이와 같은 걱정은 타인에게 잘 보여야 하고, 정해진 틀에 맞춰야 하며, 끊임없는 요구에 응해야 하는 인간관계나 직장생활에서 자주 볼 수 있다. 세상의 요구에 맞추기 위해서는 자기 자신을 한층 더 인위적으로 꾸며야 한다. 대표적인 행동방식이 바로 '~인 척' 하는 것이다.

우리는 삶 속에서 다양한 형태로 '~인 척하기'라는 게임에 참여한다. 일례로 대화를 나눌 때면 그 대화에 참여하지 않은 '척', 듣지 못한 '척' 한다. 또한 어떤 일이 일어나든 아무렇지 않은 '척' 한다. 어린 시절부터 타인에게 인정받을 수 있는 사회적 성격을 형성하고, 개인의 본래 성격을 숨기라고 교육받은 결과이다. 그러나 가면을 쓴 인생은 결코 자유롭거나 편안할 수 없다. 거짓 성격으로 살면서 본래 자신의 성격이 발각될까 봐 항상 불안해한다. 그리고는 '내 진짜 모습을 보면 나를 싫어할 거야'라고 걱정하는 것이다.

어린 시절 우리에게는 거짓된 자아란 것이 없었다. 인간은 누구나 즐거움, 호기심, 내면의 강인함, 개성 있게 성장하고 싶은 욕구를 가지고 태어난다. 이를 충족시키는 데 필요한 것은 그저 매 순간에 충실하게 임하는 것뿐이다. 배고프면 먹을 것을 찾고, 외로우면 사랑받고자 한다. 이 모든 것은 내면의 필요와 요구를 채우고자 하는 자연스러운 반응이다. 아이들은 가족,

사회, 국가, 종교 등과 같은 외부의 요구를 생각하기 전에 본능적으로 자신이 누구이며, 자신에게 필요한 것이 무엇인지, 타인에게 무엇을 줄 수 있을지를 생각한다. 그런데 시간이 흘러 타인과 소통하는 일이 많아짐에 따라 내면은 점차 균형을 잃고 안정감이 줄어들기 시작한다. 또한 세상으로부터 도움받고 있다는 생각도 조금씩 사라지고, 오히려 세상이 자신의 욕구를 알아주지 않으며 그에 부합하지도 않는다고 생각한다. 세상에는 위험이 도사리므로 자신의 소유물을 지키기 위해 경쟁해야 하고, 자신의 본모습을 감추지 않으면 사랑받을 수 없다고 여기며 걱정과 불안에 떤다. 근본적으로 무엇인가 잘못되었다고 생각하게 되는 것이다. 키르케고르는 사람이 성장하며 내적 균형과 충만감을 잃어버리는 것에 대해 다음과 같이 표현했다.

"아이에게는 모든 것이 새롭고 신기하다. 그래서 아이들은 컴컴한 방에서도 별 어려움 없이 혼자 잘 놀 수 있다. 그러나 어른이 되면 크리스마스트리 꼭대기의 별장식만 보아도 싫증을 느낀다."

자라면 자랄수록 있는 그대로는 만족하지 못하게 된다. 새로운 사랑, 남다른 인정, 더 큰 관심을 갈구하게 되고, 그 결과 아이들은 본래 모습을 벗어던지고 타인에게 보여주기 위한 자아를 형성한다. 예전에는 본래 모습으로 얻을 수 있었던 사랑과 인정을, 이제는 거짓 자아를 통해 얻으려 노력한다. 거짓 자아

를 만들기 위해 노력할수록 이상적이며 만족으로 가득했던 본
래 자아의 모습을 잃게 된다. 거짓 자아가 진실한 자아를 좀먹
는 것이다.

🌱 세상과 타인이 두려워지는 이유

거짓 자아에 완전히 잠식당하면 세상은 비현실적으로 변하
고 위험으로 가득 찬다. 다른 사람은 경계해야 할 대상이 된
다. 타인 역시 자신과 마찬가지 처지임을 믿어 의심치 않기 때
문이다. 자신이 가면을 쓰고 있듯 상대도 가면을 쓰고 있을 것
이며 다른 속셈을 품고 있으리라 여긴다. 남이 내게 수작을 부
리지 않도록 조심해야 하므로 항상 방어태세를 취할 수밖에 없
다. 겉으로는 아무렇지 않은 척, 친한 척하면서도 상대 또는 세
상의 흑막을 알지 못하면 결국 뒤통수를 맞게 되리라는 마음에
불안감은 커져만 간다.

한편, 거짓 자아는 왜곡된 거울과 같은 역할도 한다. 타인의
반응과 말에 온 신경을 기울이며 다른 사람의 생각에 비춰 생
각하고, 자기 자신의 감정과 반응에는 의구심을 가지게 되는
것이다. 자신이 어떻게 느끼는지는 알지 못한 채 진실하고 의
미 있는 삶을 잃고 경쟁과 대립, 비교하는 마음에 사로잡힌다.

사라는 결혼을 앞두고 있었다. 가장 행복해야 할 시기였지만 그녀는 기쁘지 않았다. 결혼 계획을 세우는 내내 어쩐지 시큰둥하던 남자친구가 해외 발령 문제로 결혼식을 앞당겨야겠다고 말한 것이다. 원래는 여름에 야외 결혼식을 할 계획이었으나, 어쩔 수 없이 추위가 가시지 않은 때 지역 교회에서 결혼식을 올리기로 했다. 사라가 원하던 업체에서는 웨딩드레스를 맞출 수 없어 다른 곳에서 드레스를 구매했지만 기대만큼 예뻐 보이지 않았다. 남자친구는 둘이 새롭게 출발하는 데 의의를 두자고 말했고 사라도 그에 동의했지만, 먼저 결혼한 친구의 화려한 야외 결혼식을 떠올릴 때마다 자신의 결혼식이 초라하고 한심하게 보일까 염려되었다. 이런 생각이 계속되자 사라는 뭔가 잘못되어가는 기분에 사로잡혔고, 급기야는 결혼식부터 삐걱거리니 분명 결혼생활도 순탄치 않으리라는 예감마저 들었다.

사라는 거짓 자아에 사로잡혀 본래의 자아를 외면했다. 사랑하는 남자와 미래를 약속하는 자신이 아니라, 완벽하게 행복해 보이는 신부의 모습에 정신을 빼앗긴 것이다. 그리고 타인과 비교하여 자기 자신을 정의했다. 완벽한 결혼식을 통해 자신의 행복을 증명하려 했으며, 자기 자신의 생각이 아니라 친구들의 시선에 비춰 생각했다. 이처럼 거짓 자아의 왜곡된 시선으로 인해 사라는 결혼식을 앞두고도 전혀 행복할 수 없었다.

🌱 거짓 자아는 모래성과 같다

거짓 자아는 우리에게 또 다른 거짓말을 속삭인다. 가면이 있어야 안정과 아름다움을 유지할 수 있으며 가면을 벗으면 불안감과 추악함만 남는다는 것이다. 그래서 우리는 물에 빠진 사람이 지푸라기에 매달리듯이 절박하게 가면에 의존한다. 타인이 자신의 가면을 비난하면 두려움과 증오를 표출한다.

거짓 자아는 연인 관계에서 자주 볼 수 있다. 연애 초반에는 상대방에 대한 환상을 만들고, 그 환상에 취해 황홀해하는 경우가 많다. 전혀 다른 사람으로 변모해 본래 모습을 환상 속에 가두어버린다. 그렇게 몇 달간은 자연스럽게 지낼 수 있을지 몰라도, 반년 정도가 지나면 서서히 본성이 드러나기 시작한다. 그러면 많은 사람이 다음과 같이 말한다.

"당신은 변했어."

"벌써 나에 대한 사랑이 식은 거야?"

사랑이 식은 것이 아니라, 거짓된 환상의 자아가 깨지기 시작한 것이다. 거짓 자아는 영원히 지속될 수 없다. 내면의 자아가 모습을 드러내면 환상에 대한 사랑이 깨지는 것이다.

환상 속에서 자신이나 타인에 대한 가치를 만드는 것은 모래성을 쌓는 것과 같다. 진정으로 그 사람을 알고 사랑하는 것이 아니라, 환상을 사랑하는 것이다. 시간이 흐름에 따라 상대의 본 모습이 밝혀지면 환상은 송두리째 무너진다. 그것이 두려워 타인의 가면을 못 본 '척' 하고 자신의 거짓 자아를 유지하며, 마음 한편으로는 이 모래성이 무너질까 전전긍긍한다.

이처럼 우리는 타인의 가면과 마주하기 위해 자신의 가면을 만든다. 그러면서 왜 진정한 사랑이 찾아오지 않는지, 왜 이토록 외로운지 의문을 품는다. 가면은 진정한 자신을 숨기기 위한 목적으로 만들어진 것이다. 가면을 쓰고 다른 사람의 내면을 사랑할 수 있겠는가? 가면을 쓰고 진정한 소통을 할 수 있는가? 사랑을 위해 가면을 포기할 수 있는가? 당신은 가면이 무엇을 가로막고 있는지 아는가? 그토록 바라던 사랑과 안정을 스스로 거부하고 있는 것은 아닌가?

에이미와 테드는 만난 지 1년이 넘었지만 여전히 관계가 불안정했다. 테드가 종종 모든 연락을 끊고 사라졌다 나타나곤 했기 때문이다. 게다가 그는 자신의 이야기를 하지도, 그녀에게 관심을 보이거나 그녀의 소망을 들어주지도 않았다. 상처받은 에이미는 테드와 헤어지기로 결심했지만 이별은 마음처럼 되지 않았다. 테드가 번번이 눈물로 호소했기 때문이다. 그러나 그 순간이 지나면 테드는 다시 에이미에게 차갑게 굴었고, 며칠씩 연락이 안 되는 일도 다반사였다. 사실 테드는 자신에게 호감을 보이는 사람을 잘 믿지 못했고, 누군가와 지속적인 관계를 맺는 데 두려움을 가지고 있었다. 그는 마음 깊숙이 에이미를 사랑하고 있었지만, 사랑을 표현하는 순간 그녀가 자신에게 흥미를 잃을지 모른다고 생각했다. 나아가 만약 에이미가 떠나간다면 얼마나 상처받을지를 상상하며 그녀에게서 마음의 거리를 두고자 노력했다. 차갑게 군 것은 에이미의 진심을 확인하기 위해서였다. 그는 에이미를 믿기 위해 그녀를 시험했다고 말했지만, 사실은 그 자신이 가면을 쓰고 있기에 에이미가 보여주는 사랑 또한 가면이 아닌지 불안했던 것이다.

이처럼 거짓 자아는 진실한 삶을 앗아간다. 누군가 집에 찾아와 문을 두드려도 집에 없는 척하듯, 누군가 자신을 진심으로 대해줘도 믿지 못하고 의심한다. 연인 또는 부부 관계를 상담하다 보면, 테드처럼 거짓 자아 뒤에 숨어 상대와 자신의 진심을 기만하는 사람이 많다. 그러나 가면을 벗을 용기를 내야 한다. 자신의 민얼굴 또한 사랑해줄 사람이 있음을 믿어야만, 진실한 사랑의 기회를 불안과 걱정에 빼앗기지 않을 수 있다.

♣ 자기 자신과 단둘이 마주하라

어떤 이는 아무리 힘들어도 타인에게 좋은 인상을 남기려고 전력을 다한다. 자신을 둘러싼 성벽을 쌓고 진정한 모습을 감추다 보니, 나중에는 자신조차 자기 본 모습을 모른다. 괴롭고도 외로운 인생을 스스로 선택하는 것이다. 일생에 거쳐 가감 없이 나를 드러내고 진심으로 자신을 신경 써줄 사람 하나 찾지 못하다니, 생각만 해도 삭막하다. 우리에게는 설사 망상에 빠져들더라도 손을 내밀어 다시 현실로 이끌어줄 진실한 친구가 필요하다. 이때 가장 좋은 친구는 바로 나 자신이다. 남들에게 보여주고자 했던 거짓된 자아가 아니라, 마음 깊숙한 곳에서 언제나 자신을 기다리고 있는 진실한 자아 말이다.

프란츠 카프카는 "모든 문제는 방 안에 가만히 앉아 자신과 단둘이 마주하려고 하지 않기 때문에 발생한다"고 말했다. 가장 먼저 정립해야 하는 관계는 바로 자기 자신과의 관계이다. 하지만 대부분은 자신과의 대면에 익숙하지 않기 때문에 두려움을 느낀다. 외로움이라는 끔찍한 경험과 함께 이제껏 숨겨왔던 감정과 생각이 떠오르기 때문이다. 그러나 '외로움'과 '고독'은 전혀 다르다. 진정으로 자신과 단둘이 마주하게 되면 외로움은 곧 사라진다. 고독을 두려워하기 때문에 외로움이 느껴지는 것이다. 다음의 질문에 답해보자. 무엇이 진정한 고독이며, 진정한 고독은 어떻게 자라나는가? 혼자일 때 당신은 어떤 존재인가? 당신의 마음은 무슨 말을 하는가? 고독의 저편에는 늘 새롭고 놀라운 것들이 우리를 기다리고 있다.

그 사실을 깨닫는 것만으로 상처받은 마음이 자연스럽게 치유되고 두려움, 절박함 같은 부정적 감정이 사라진다. 마음이

다소간 자유로워질뿐더러, 나아가 스스로 충만해질 수 있다.

한 신자가 현자를 찾아가 '인생의 길'에 대해 물었다.

"무엇이 알고 싶으냐?"

"깨달음을 얻어 마음의 평안을 찾고 싶습니다."

현자가 대답했다.

"왜 다른 데서 평안을 구하느냐? 평안은 네 마음의 보고에 있지 않으냐?"

신자는 숨이 넘어갈 듯 물었다.

"마음의 보고를 어떻게 찾습니까?"

"자네의 질문, 그 자체가 마음의 보고에서 나온 것이라네."

그 순간 신자는 깨달음을 얻었다. 그 후, 신자는 사람들에게 다음과 같은

깨달음을 전했다.

"마음의 보고를 열어 마음의 보화를 사용하라."

우리는 어떠한가? 마음의 보고를 열기보다는 거짓 자아를 만들기 위한 기술, 지식, 전략을 연마하는 데 수많은 시간과 에너지를 소모해왔다. 그러나 거짓 자아에 아무리 많은 시간과 공을 들여도 그것은 걱정만을 부를 뿐이다. 일례로 다른 사람들 앞에서 주눅 들지 않기 위해 좋은 차를 사고, 최신 휴대전화를 들고 다니면서 그것도 모자라 남이 보는 앞에서 끊임없이 부하 직원에게 지시전화를 건다. 겉으로는 당당해 보이지만 마음속

은 평화롭기는커녕 '허세가 들통 나면 어떻게 하지' 걱정될 따름이다. 설사 칭찬받아도 '속으로는 비웃고 있지 않을까' 하며 불안해한다. 이처럼 거짓 자아로는 진정한 인정과 사랑을 느낄 수 없다.

거짓 자아는 편파적이고, 두려움으로 가득하며, 원칙이 없다. 인정받을수록 더 인정받고 싶어 하며, 인정받지 못할까 봐 위협을 느낀다. 누군가 자신을 차갑게 대하기라도 하면 머릿속에 경보등을 켜서 온갖 상상의 나래를 펴게끔 만든다. 인정과 사랑을 얻기 위해 다시 가면을 만들어 쓰고는 또 그것이 어떻게 보일까를 걱정한다. 이처럼 거짓 자아를 삶의 기반으로 삼으면 평생 두려움에 갇혀서 살게 된다.

타인의 기준에 자신을 맞추지 않으면 사회에서 창피당하고 버림받을 것이라고 걱정하는 것이다. 하지만 진실은 그 반대이다. 다른 사람의 기준에서 벗어나 진정한 자신의 모습을 찾으면 삶의 의지가 강해져서 활발하고 가치 있는 삶을 살 수 있다. 그와 더불어 불안과 걱정은 사라진다.

타인을 겉치레로 대하면 진정한 자신을 잃게 되고 다른 사람의 진심이나 바람을 파악하기가 어려워진다. 그와 달리 거짓 자아를 벗어던지면 진정한 나를 찾고 상처받은 마음을 치유함으로써 심적 평안을 찾을 수 있다. 거짓 자아에 갇혀 살면 걱정과 강박, 분노와 증오 등 부정적인 것들에 삶을 잠식당하게 된다. 그러나 진정한 자아를 확립하면 인생에 어떤 어려움이 닥치든, 그 일의 결과가 어떻게 되든지 간에 타고난 능력을 발휘할 수 있다. 진짜 자신을 받아들이고 존중해야만 삶의 원천과 내면의 힘을 발견할 수 있는 것이다. 물론 가면을 벗기가 쉽지만은 않을 것이다. 그러나 자신을 존중하고, 자신의 존재가치를 인정하겠다는 마음으로 용기를 내라.

믿을 사람 하나 없는 사람들

세상에서 가장 두려운 불신은
자기 자신조차 믿지 못하는 것이다.
_토머스 칼라일 Thomas Carlyle

걱정 많은 사람들의 공통점 중 하나는 머릿속이 '나'로 가득 차 있다는 것이다. 그들은 오로지 나와 내 가족에 대해서만 생각한다. 모두에게 일어날 수 있는 불행이지만, 그것이 하필이면 자신이나 자신의 가족에게 일어날지 모른다는 생각에 불안해한다. 그들은 질병이나 죽음과 관련해서도 '나나 내 가족은 안 돼'라는 사고방식을 가지고 있다. 그러나 세상은 당신을 중심으로 돌아가지 않는다. 불행은 공평하다. 억만장자든 무일푼의 노숙자든, 불행은 귀천을 따지지 않고 온다. 나 자신도 예외는 아니어서 내게도 불행이 올 수 있다. 이 사실을 인정하지 못하고 자기 중심적 사고에 몰두하다 보면 걱정은 심지어 편집증으로까지 발전한다.

🌱 의심과 불안의 소용돌이에 빠지기 전에

편집증은 불안이 진행된 결과 만들어지는 것으로, 망상의 중심에 자기 자신이 있다는 점이 강박관념과 구분된다. 편집증에 걸린 사람은 타인의 말과 행동을 모두 공격적으로 느낀다. 이 세상이 자신에게 해를 가하려 하며 누군가 자신을 뒤쫓고 있다고 생각한다. 또 자신은 굉장한 사람인데 세상이 자신을 알아주지 않는다며 실의에 빠지기도 한다. 이처럼 피해망상이나 과대망상에 시달리며 현실과는 완전히 동떨어진다.

편집증은 누구에게나 찾아올 수 있다. 편집증이 다가오는 일련의 과정이 있는데, 초반에는 가벼운 공상으로 시작된다. 이때 주의하지 않으면 심각한 편집증이 자라나 삶을 지배하게 된다. 편집증은 사람을 무력하게 만든다. 그뿐만 아니라 세상을 그대로 볼 수 없게 만들고 선택의 범위를 좁히며, 두려움을 증가시키고 타인을 적으로 생각하게 한다.

편집증의 덫에 걸리면 눈에 보이는 것은 온통 타인의 나쁜 의도나 의심스러운 행동뿐이다. 그래서 자신이 위험한 적을 대면하고 있으며 이에 대비해야 한다고 믿기 시작한다. 서로 다른 점만 보고 공통된 인간성은 보지 못한다. 남도 나와 똑같이 행복하길 원하고 괴로움은 피하고자 한다는 사실을 알지 못한 채 타인이 고통을 겪고 자신은 안전하길 바라는 마음을 가진다.

그리고 누구나 언젠가 죽음을 맞이한다는 삶의 진리를 애써 외면한다.

불안은 편집증을 악화시킨다. 심해지면 자신과 다른 인종, 종교, 문화를 가진 사람과 마주할 때에도 편집증적인 행동을 보인다. 다르고 낯설다는 이유만으로 상대방에게서 최악의 모습만을 발견하는 것이다. 누군가를 적으로 간주할 때마다 편집증적 사고는 심화되고 타인의 나쁜 점을 더욱 많이 찾게 된다. 이런 인식은 자신에게도 치명적이다. 사람은 인식하는 대로 행동하기 때문이다.

상대방의 안 좋은 점을 보게 되면 우리는 그에게 무의식적으로 자신의 눈에 비친 모습을 전달한다. 누군가 자신을 어떻게 생각하는지 알게 되면, 그에 따라 행동하는 것이 사람이다. 점잖은 신사 대접을 받으면 신사가 되고, 놈팡이 취급을 받으면 놈팡이처럼 행동하는 것이다. 즉, 상대방은 어느새 당신이 생각하는 모습으로 변한다.

마음에 들지 않는 사람이 있다면, 그의 좋은 점을 의식적으로 찾아보라. 그리고 좋은 점을 계속 되뇌어보며, 그에 대해 존경할 만한 점이 있는지 더 찾아보라. 그가 당신을 도와주었던 때나 당신이 좋아할 만한 일을 했던 때를 떠올려보라. 이런 연습을 통해 그에 대한 부정적인 인식이 줄어들고 그와의 관계에서 느껴지던 불안감이나 염려도 상당 부분 사라질 것이다.

🌱 자기 중심적 사고의 위험성

자기 중심적 사고에 몰두하는 것은 편집증에 이르는 지름길이다. 자신에게 완전히 몰두하면 세상이 자기 중심으로 돌아간다는 과대망상에 빠진다. 이러한 사고방식에 빠져있으면 자신에게 좋은 것만 바라게 된다. 자신이나 자신과 동일시되는 모든 것을 보호하려 드는 한편, 다른 이는 거부하고 자기밖에 모르는 끔찍한 인생을 살아가게 된다. 물론 사람은 누구나 자신을 우선 생각하기는 하지만 그대로 내버려두면 자기 중심적 사고가 심화되고 어느새 그것은 삶의 방식이 되어버린다. 관심이 자신에게 집중되지 않으면 뭔가 잘못되었다는 느낌에 사로잡힌다. 타인이 자신을 해치거나 자기 것을 빼앗으려 한다는 피해망상에 사로잡혀 불안해하기도 한다.

팀장인 질은 같이 일하는 동료들을 좋아하지 않았다. 팀원 모두 능력도 없으면서 질투가 심해 자신을 좋아하지 않는다고 생각했다. 그러던 어느 날 질이 출근했을 때 팀원 중 한 사람이 보이지 않았다. 지각이나 결근과 관련된 어떤 연락도 없었다는 말을 듣고, 질은 그 동료가 자신을 먹이려고 일부러 연락을 끊고 사라진 것이 아닐까 걱정했다. 질이 팀장으로서 성과를 내는 것을 방해하기로 마음먹은 것이 아닐까, 일이 잘못되면 자신이 모든 책임을 져야 하는 건 아닐까 등등 별별 걱정으로 반나절이 지나갔다. 그 동료는 몸이 몹시 아팠다며 오후에 모습을 드러냈지만, 이후 질은 다른 사람들에게 그에 관해 험담하고 업무에서도 가능한 그를 배제시켰다. 질은 그 동료가 실은 나쁜 의도를 가지고 있으며, 언제든 문제를 일으킬지 모른다는 의심을 결코 버리지 못했다.

자기 중심적 사고는 잘못된 믿음에서 출발한다. 타인이 자신을 위해 존재한다는 잘못된 믿음이다. 이러한 사고를 갖게 되면 타인을 동등한 주체로 인정하지 않는다. 타인은 자신의 믿음을 따르고 확인하기 위한 존재이며, 자신의 의도에 부합해야 하는 대상일 뿐이다. 만약 누군가 자신의 생각을 떠받들어주지 않거나 자신의 의도와 다르게 움직이면, 그는 즉시 경계 대상이 된다. 그 사람에 대한 걱정이 시작되는 것이다.

이러한 삶의 방식은 당신을 안식처가 아닌 감옥 속에 가둔다. 자기 중심적 사고라는 혼자만의 감옥에 갇히면 바깥 세상은 위험하고 누구 하나 믿고 기댈 이 없는 차가운 곳이 된다. 항상 긴장한 채 편안한 삶을 살 수 없다. 그 안에 오래 머물수록 세상과의 단절은 깊어지고, 문제 상황에 대처하는 능력은 점차 저하된다. 편집증에 가까운 걱정을 가진 사람들은 자기 중심의 감옥이 가장 안전하다고 생각하지만, 사실 그 감옥이야말로 우리를 위험에 빠트리는 곳이다. 가장 안전한 장소는 세상 밖 열린 하늘 아래이다.

3

걱정과
결별하기 위한
7가지 열쇠

No More Worry

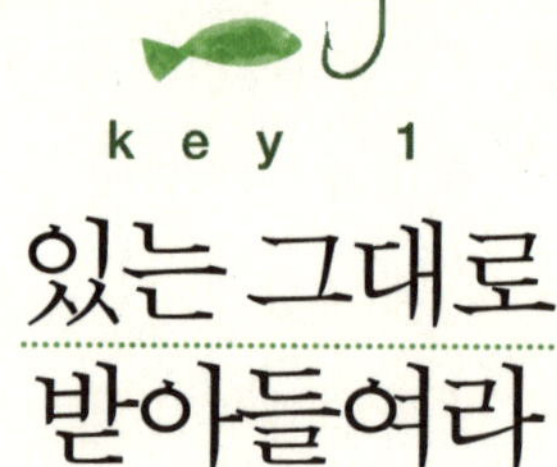

key 1

있는 그대로
받아들여라

있는 그대로의 나를 인정하라

> 사람들은 남에게 속는 일보다
> 자기 감정에 속는 일이 더 많다.
> _요한 초케 Johann Zschokke

어떻게 하면 걱정에서 벗어날 수 있을까? 가장 먼저 필요한 것은 바로 자기 자신을 되찾는 것이다. 지금까지 신랄한 어조로 걱정을 비판했지만, 사실 걱정으로 인해 가장 괴로운 사람은 머릿속에서 걱정을 떨치지 못하고 있는 당신 자신이다. 매 순간 불확실성과 불안감에 시달리는 것만큼 피곤하고 힘든 일은 없다. 이를 위해서는 굳건하고 안정적인 자기 기반을 확보하는 것이 필요하다. 우선 진정한 자아를 찾고 진정한 삶을 살겠다는 마음가짐을 가져야 한다. 그래야 과거나 미래에 대한 생각에 정신을 빼앗기지 않고 매 순간 충실할 수 있다. 또한 다른 사람의 기준에 얽매이거나 외부에 관심을 두느라 내면의 목소리를 놓치는 일이 없게 된다.

🌱 거짓을 버리면 진실이 찾아온다

진정한 자아를 찾고 용기와 힘의 원천을 발굴하기 위해 필요한 것은 무엇일까? 불교에서 위대한 가르침을 구할 수 있다. "진실을 찾으려 하지 말라. 거짓을 내보내면 진실이 절로 찾아올 것이니."(《능가경》중에서)

먼저, 진실하지 않은 삶에 의존하고 있는 자신의 모습을 인지해야 한다. 다음의 질문에 답해보자. 지금 당신은 진심으로 행복한가? 당신에게 진실한 행복을 가져다주는 것은 무엇인가? 자신에게 진정 중요한 것을 알지 못하고 단지 겉모습을 꾸미는 데 급급해 많은 시간을 낭비하고 있지는 않은가? 이러한 질문들을 거듭하며 진실하지 않은 삶에서 벗어나면 진정한 자아가 모습을 드러낸다.

우리는 인생을 허비하고 있으며 매일 수백 가지 방법으로 자신을 해치고 있다. 왜 굳이 자신에게 해가 되는 선택을 하는가? 남의 기대에 맞추기 위해, 남이 어떻게 볼까 두려운 나머지 격정과 근심으로 자신의 내면을 좀먹는 이유는 무엇인가? 가면을 유지하는 것이 과연 그만큼 가치 있는 일인가?

랄프 에머슨은 다음과 같이 말했다. "진정한 자신의 삶을 살면 정해진 길이 아니라 전에는 발견하지 못했던 자신만의 길을 개척할 수 있다. 진실한 삶을 살면 진실을 볼 수 있다."

걱정 없는 삶은 곧 두려움에서 벗어나 내적 평화와 균형을 되찾은 삶이라 할 수 있다. 이러한 삶을 살기 위해서는 먼저 진정한 자아를 되찾아야 한다. 《능가경》의 위대한 조언을 받아들여 거짓 자아를 버리고 진정한 나를 회복하는 여정의 첫발을 내디뎌보자. 물론 거짓 삶을 살고 있다는 사실을 깨달아야만 이 여정을 떠날 수 있다. 거짓 자아는 그 모습이 달라서 이를 떨쳐버리는 방법도 다르다. 하나를 없앴다고 생각하면 또 다른 거짓 자아가 나타나기도 한다. 한꺼번에 모두 없애지 않아도 좋다. 양파를 까는 것처럼 조금씩 천천히 노력해서 마지막에 도달하면 된다.

🌱 진정한 나를 찾는 방법

진정한 자신을 알고 싶은가? 그렇다면 먼저 거짓 자아를 벗어던져야 한다. 자신이 아닌 것은 어떤 것이며, 다른 이의 꿈속에서 살고 있는 것은 아닌지, 어떤 것이 자신을 방해하며 근본적으로 자신과 맞지 않는지도 깨달아야 한다. 자신에게 맞지 않는 일과 자신이 할 수 없는 일을 알고 인정해야 한다. 많은 사람이 타인의 기대에 자신을 맞추기 위해 엄청난 시간을 허비하고 있다. 특히 가족이나 연인 관계에서는 사랑의 이미지를 만들어 서로 그 요구에 맞추라고 강요하는 경우가 많다. 그러나 우리에게 투영되는 이런 이미지는 고통, 왜곡 현상, 자아 수용 부족, 진정한 자아에 대한 자각 부족 등 치명적인 결과를 초래 한다.

어떤 것이 자신에게 자연스럽고 즐거운지, 삶과 성취의 열정 을 갖게 하는 것은 무엇인지 생각해보자. 반대로 자연스럽지 않고 어렵게만 느껴지며 즐겁지 않은 것은 무엇인지, 갈등과 혼란을 유발하고 고통스러운 것이 무엇인지 생각해보자.

당신의 발목을 잡고, 상처를 주며, 기분을 상하게 하는 것은 무엇인가? 진정한 삶을 산다면 이런 행동은 하지 않는다. 이제 이런 거짓 행동을 멈추어라. 이런 상황에서 벗어나는 첫 번째 단계는 옳은 시각을 가지는 것이고, 두 번째 단계는 거부하는 것이다.

"거부할 수 없으면 받아들일 수도 없다."

이 문장은 거짓 자아를 이길 수 있는 가장 좋은 처방전이다. 우리는 거부하지 못해 압도되는 경우가 많다. 여기서 말하는 '거부'는 반항, 분노, 완고함처럼 깊이라고는 눈 씻고도 찾아볼 수 없는 충동적이고 기계적인 거부를 말하는 것이 아니다. 자 신이 누구인지, 자기 자신이 아닌 것은 어떤 것인지를 이해하 고 가면을 거부하는 것이다. 진정한 거부는 자존감의 표시이며 자기 자신을 그대로 받아들인다는 증거이다. 이처럼 거부할 수

있게 되면 더 이상 겉치레 속에 숨어 살며 진실을 왜곡하지 않
아도 된다. 모든 것을 완벽하게 해내야 할 이유도, 실수나 실패
를 두려워할 이유도, 타인에게 들킬까 봐 걱정할 필요도 없다.

거짓 자아를 거부하지 않으면 타인의 기대를 나의 기준으로
삼게 된다. 그에 미치지 못하면 수치심과 죄책감을 느끼며, 그
요구에 모두 응해야 무리의 일원이 될 수 있다고 생각한다. 거
절하면 사람들로부터 거부당하리라는 불안에 빠지며, 어떤 일
을 하든지 간에 잘 해내리라는 믿음보다 완벽하게 못 해내면
배척당할 것이라는 두려움을 더 크게 느낀다.

이것은 거짓 자아의 속임수이다. 일례로 상대의 요청을 거절
했는데 그로 인해 상대가 당신을 무시한다면, 그냥 무시하게
내버려두면 될 일이다. 그건 그의 문제이지 당신의 문제가 아
니다. 반대로 상대가 자신을 무시하는 것이 두려워서 자기 내
면의 목소리에 귀를 닫고 '원하는 대로 하지 않으면 따돌림당
하게 될 거야' 같은 거짓 자아의 목소리에 이끌려 가면 영영 자
신다운 삶을 살 수 없다. 거짓을 제대로 거부하지 못하면, 거꾸
로 진짜 자신을 거부하는 격이 된다. 또한 거부할 수 없으면 받
아들일 수도 없다는 사실을 인지하자.

무엇이든 받아들인다고 해서 모든 것을 진심으로 받아들이는
것은 아니다. 무의식중에 자동적으로 받아들이는 것도 있다.
진정한 받아들임은 의무감을 느끼지 않고 자신이 그러고 싶을

때 수용하는 것이다. 상황에 맞추기 위해 판단하지 않고 받아들이는 것은 진정한 수용이 아니다. 거짓 자아의 삶을 살면 인생에 무엇이 다가오든 조건 없이 솔직하게 받아들일 수 없다. 조건을 따지지 않고 자신이 원하는 대로 거부하거나 수락할 수 있는 능력을 갖추게 되면 인생은 확신으로 가득 찬다. 내가 나다운 삶을 살게 되면 불안이나 걱정이 자리 잡을 틈이 없다.

일본의 선승 소엔 나카가와는 다음과 같이 말했다. "우리는 방을 꾸미기 위해 다양한 소품, 가구, 그림, 양탄자, 장식 같은 것을 사들인다. 하지만 진정한 미를 찾으려면 인위적인 모든 요소를 없애야 한다. 인위적인 요소가 사라져야만 본연의 미가 드러난다. 방에 들인 물건을 모두 없애야 방에 들이기를 원치 않는 요소를 거부할 수 있다. 모든 장식을 없애야 본래 형태를 구할 수 있다."

자신의 길을 개척하는 궁극적인 힘은 바로 자기 자신에게 있음을 기억하자.

기대를 버리고 현실을 직시하라

> 도박을 즐기는 모든 인간은 불확실한 것을
> 얻기 위해서 확실한 것을 걸고 내기를 한다.
> _블레즈 파스칼 Blaise Pascal

진정한 나를 찾기 위해서는 거짓 자아가 만들어놓은 거짓 요소들을 없애나가는 것이 중요하다. 헛된 기대와 그에 따른 걱정이 대표적이다. 거짓 자아는 환상에 근거한다. 가면을 써야만 다른 이들이 좋아할 것이라는 환상, 타인 위에 군림하면서 주변 사람들을 내 뜻대로 조종할 수 있고 세상이 나를 위해 돌아갈 것이라는 환상 등. 이처럼 실체가 없는 환상, 즉 헛된 기대는 번지르르하고 화려하게 보이지만 사실은 삶에 고통과 괴로움을 더한다. 내면 깊숙이는 그것이 허상임을 알기에 불안감이 들고 걱정이 엄습해온다. 진짜 자신을 찾으려면 이 같은 허상(거짓 자아, 헛된 기대, 걱정 등)에서 벗어나 현실과 마주해야만 한다.

🌱 기대에 반하는 일이 일어나는 건 당연하다

우리는 인생에 대한 기대로 가득한 삶의 청사진을 가지고, 이러한 기대를 바탕으로 인간관계를 맺고 자신의 가치를 설정한다. 그러나 확고한 기대는 현실과 관계없는 환상에 불과한 경우가 대부분이다. 기대처럼 잘되지 않으면 두려움을 느끼고 상황을 어떻게든 원하는 대로 맞추기 위해 노력한다. 이게 마음처럼 되지 않으면 청사진은 금세 암울한 상상으로 바뀐다. '계획대로 안 되면 어떻게 하지' 라는 걱정의 가장 큰 먹잇감은 바로 헛된 기대이다. 기대와 다를까 봐 걱정하는 것은 환상이 현실이 되지 않을까 봐 걱정하는 것과 같다. 즉, 아무 의미도 없는 걱정이다. 그러나 헛된 기대를 거부하기란 쉽지 않다.

수피교의 교훈적 이야기에는 '나스루딘' 이라는 인물이 자주 등장한다. 그는 현명한 바보로 항상 실수를 저지르고 예상외의 행동을 하며 상황을 제대로 이해하지 못하는 인물로 묘사된다. 하지만 일반적인 인식을 뛰어넘는 그의 언행을 통해 보다 심오한 지혜를 얻을 수 있다.

꼬마들이 나스루딘의 신발을 훔쳐 달아날 궁리를 했다. 그들은 나무를 가리키며 나스루딘에게 말했다.

"저 나무에 오를 수 있어요?"

"누구나 올라갈 수 있지. 내가 보여주마."

그는 신발을 벗어 허리춤에 찬 후 나무를 오르기 시작했다. 아이들이 소
리쳤다.

"나스루딘, 나무를 오르는 데 신발을 가지고 갈 필요는 없잖아요."

"왜? 언제든 예상치 못한 상황에 대비해야지. 나무 꼭대기에 길이 있을지
누가 알아?"

현실은 현실일 뿐이다. 현실은 자연스레 펼쳐진다. 당신이 생
각하는 것이 청사진이든 암울한 미래든, 지나치고 부자연스럽
다면 그것은 현실 가능성이 없는 것이다. 나스루딘은 나무 위
에서 길을 찾을 수 있다고 했지만 현실적으로 그럴 가능성은
없다(물론 이 이야기에는 '예상치 못한 곳에서 인생의 길을 발
견할 수도 있다'는 교훈도 담겨 있다). 이 이야기는 '현실은 우
리의 적이 아니지만, 분명 우리의 기대와 현실은 다를 수 있
다'는 사실을 알려준다.

많은 이들이 창업 한두 해 만에 성공하길 바라거나, 자신이 선
택한 배우자와 언제까지나 행복하길 바라거나, 경기에서 우승
할 것이라고 기대한다. 당연한 일이다. 그러나 현실에서는 기
대에 반하는 일 또한 당연하게 벌어진다. 우리의 기대와 다른
일이 일어나는 것, 이는 자연스러운 현실이다(이 사실을 받아
들이지 못한다면 당신은 자기 중심적 사고에 몰두해있는 것이

다. 앞장을 다시 한 번 읽어보라). 현실이 기대나 의도에 부합
하지 않으면 어떻게 하나 걱정하지만, 문제를 일으키는 것은
현실이 아니라 우리의 기대일 뿐이다. 세상은 결코 한 개인을
중심으로 돌아가지 않는다.

기대는 인생이 끊임없이 변하고 있다는 사실을 인식하지 못
하게 한다. 햇살을 받으며 시간 보내는 것을 좋아했던 사람이
나이가 들면 그늘을 찾게 된다. 어제 약이었던 것이 오늘 독이
되기도 하며, 어제의 적이 오늘의 친구로 다가올 수도 있다. 그
러므로 인생을 그저 인생 그 자체로 보고, 모든 것은 변한다고
생각해야 한다. 그러나 헛된 기대는 인생이 정체되어 있거나
혹은 이러한 변화가 자신의 바람에 따라 벌어지리라는 환상을
품게 한다. 현실을 왜곡시키고 삶의 변화에 따른 일상적 도전
조차 왜곡시킴으로써 걱정을 불러일으킨다. 헛된 기대의 목소
리를 따르면 물건을 사는 작은 일조차 불안과 걱정을 낳는 모
험이 되고 만다.

🌱 걱정에 발목 잡히지 마라

도전은 자신을 시험하고 성장시킬 수 있는 발판이다. 높은 산
을 오르고 바닷속 깊이 뛰어드는 것만이 도전이나 모험이 아니

다. 실상 인생은 온갖 종류의 시험과 도전을 던져준다. 학교나 직장, 대회 등에서 정해진 기한 내에 처리해야 하는 임무를 맡을 수 있다. 사랑을 구하고자 할 수도 있으며, 다른 사람을 자신이 믿는 종교로 전도하기 위해 노력할 수도 있다. 한 아이의 부모가 되는 것 또한 도전의 일종이다. 이렇듯 모험과 도전을 경험할 방법은 수없이 많다. 모험과 도전은 삶의 의미와 목적을 가르쳐주며, 승패 여부와 상관없이 우리를 성장시킨다.

한편, 우리의 매일은 피할 수 없는 도전의 연속이다. 머무르는 것은 없기에 변화 속에서 우리는 매일 크고 작은 도전을 계속할 수밖에 없다. 예를 들어 매일 가는 식당이 문을 닫아서 새로운 식당을 찾는 것도 일상의 소소한 도전이라 할 수 있다. 그런데 걱정 많은 사람들에게는 이런 일상적 도전과 모험마저 걱정 스위치나 다름없다. 일단 스위치가 켜지면 머릿속에서 '내 기대와 다르면 어떻게 하지'라는 속삭임이 들려온다. 걱정은 도전이 가져다줄 의미와 성장, 기쁨은 생각하지 못하게 하면서 오로지 그것의 나쁜 결과나 악영향만을 떠올리게 만든다.

당신이 도전하고자 하는 것은 무엇이며, 왜 그것을 걱정하는가? 도전의 결과는 좋을 수도, 안 좋을 수도 있다. 어느 쪽이든 자연스럽게 결론이 날 것이다. 이러한 점을 받아들여라. 모든 기대와 그에 파생되는 흥분과 두려움을 제외시키고, 정말 걱정할 만한 걱정인지 살펴보라.

기대도, 걱정도 모두 공상에 불과하다. 어떤 도전과 관련해 떠올릴 수 있는 최상의 결과(기대)와 최악의 결과(걱정)를 모두 생각해보라. 그리고 그것의 현실성을 객관적이고 논리적으로 판단하라. 중요한 점은 지금 머릿속에 떠오르는 생각이 사실 실체 없는 허상에 불과함을 깨닫는 것이다. 허상에 발목이 잡혀 도전의 기쁨을 맛보지 못한다면 억울하지 않겠는가?

매일의 작은 도전이 모일 때 인생은 비로소 거대한 긍정적 도전의 기회를 가져다준다. 헛된 기대는 이를 거부하고, 걱정은 이를 차단한다. 당신 앞에 무엇이 기다리고 있는지 궁금하지 않은가? 당신의 인생이 어떻게 변할 수 있는지 알고 싶지 않은가? 이 스릴을 거부하지 마라. 그리고 인생의 무한한 잠재력을 받아들여라. 좋든 싫든 현실을 그대로 인정하고 포용하고 이해할수록 거짓된 기대를 쉽게 지우고 필요한 교훈을 얻을 수 있다. 이를 통해 내면의 보고를 열어 무한한 잠재력을 얻게 될 것이다.

걱정이 오래 머무르게 놔두지 마라

추측의 시간이 오면 가능의 시간은 사라진다.
_마리 폰 에브너에셴바흐 Marie von Ebner-Eschenbach

주인과 손님의 역할은 확연히 다르다. 주인은 손님을 맞이하는 환경을 만들고, 손님을 환영하며, 화기애애한 분위기를 만들어야 한다. 손님은 방문지에 도착하면 주인이 어떤 것을 제공하든 기꺼이 받아들여야 하고, 돌아갈 때에는 감사의 마음을 충분히 전해야 한다. 주인이 손님처럼 행동해서는 안 되고, 반대로 손님이 주인처럼 행동해서도 안 된다.

당신이 바로 주인이고 걱정은 손님이다. 자신의 역할을 지켜라. 주객이 전도되면 삶이 전도된다. 손님인 걱정은 왔다가 가는 존재이며, 주인인 우리는 안정적으로 한곳에 머무르며 오가는 손님을 맞이하는 존재이다.

걱정을 지나가는 손님으로 생각할 수 있게 해주는 몇 가지 연습방법이 있다.

불안을 그대로 느껴라

불안의 근원지는 어디일까? 목표점은 어디일까? 신체 어느 부위에서 불안
이 느껴지는가? 불안이 점점 더 커지고 있는가, 작아지고 있는가? 불안을
떠나보낼 수 있는가?

불안의 말을 들어주라

불안이 당신에게 하는 속삭임을 들어주라. 단, 그 말을 진지하게 받아들
이지 마라. 불안의 하찮은 속삭임일 뿐이라는 사실을 기억하라. 불안의
속삭임을 들은 후 곧장 잊어버려라. 불안감은 단순히 그 존재를 알아주거
나 자신의 속삭임을 들어주는 것만으로 만족하고 퇴장하기도 한다.

행동을 멈추지 말라

자신의 기분에 상관하지 말고 할 말이 있으면 하라. 해야 할 일이 있으면
하라. 말하거나 행동하기 전에, 불안이 사라졌다고 생각하라. 불안을 뱉
어내서 멀리 떠나보내라.

불안에 억눌리지 않고 걱정을 사라지게 하려면 그것을 피해
도망쳐서는 안 된다. 불안과 두려움을 인정하고 자신의 걱정을

있는 그대로 살펴보면 된다. 불안이라는 존재를 인정하면, 불안은 더 이상 자신을 봐달라고 소리치지 않을 것이다. 그리고 온갖 걱정을 만들어냄으로써 당신의 정신을 붙잡아두려 하지도 않을 것이다.

나스루딘의 학교에 다니는 한 소년이 질문했다.

"가장 위대한 업적을 남긴 사람은 누구입니까? 제국을 정복한 사람인가요, 아니면 정복할 수 있으나 하지 않은 사람인가요? 그것도 아니면, 정복하려던 사람을 물리친 사람입니까?"

"잘 모르겠구나. 하지만 그보다 심오한 사실은 알고 있단다."

"그게 뭐죠?"

"사물을 있는 그대로 바라보는 능력을 갖춘 자가 가장 위대하다는 것이지."

🌱 불안과 마주 보고 다독여줘라

무술의 달인은 스스로 방어할 수 있다는 자신감이 넘친다. 달인은 무법천지를 돌아다니더라도 강인함과 용맹함을 뿜어내기 때문에 쉽사리 공격받지 않는다. 본능과 무의식의 힘으로 주변 사람들이 달인의 위력을 알아차리는 것이다.

전 세계가 테러 위협, 경제 불안, 공격, 협박 등이 가득한 불안한 사회에서 살고 있다. 그러나 이 불안 속에서 걱정을 키우면 상황은 더욱 악화될 뿐이다. 겁먹은 내면에는 더 많은 불안과 걱정이 찾아오지만, 굳건하게 평정을 유지하면 불안과 걱정은 설 자리를 찾지 못하고 떠나간다. 되도록 빨리 불안을 제지하고 힘을 되찾아 걱정을 떠나보내라. 평안은 현명한 판단을 가능하게 하며, 이로써 우리를 기다리고 있는 수많은 해결책을 발견할 수 있다. 그중 가장 간단하고 놀라운 해결책은 바로 적을 친구로 바꾸는 것이다.

불안에 떨며 주객이 전도된 삶을 살고 있다 보면 이런 간단한 해결책을 놓치게 된다. 그러나 의지만 있다면 새로운 삶을 향해 걸음을 옮기는 것은 그리 어렵지 않다.

성경에는 "인생의 선함을 맛보아 알지어다 Taste and see that life is good."라는 구절이 있다. 이 구절은 충분히 불안에 맞서서 웃음을 되찾을 수 있다는 가르침을 준다. 불안에 사로잡힌 사람의 인생은 결코 즐겁지 않다. 두려움을 제거하라. 걱정과 결별하라. 그러면 인생의 달콤함과 풍요로움을 느낄 수 있다.

불안으로 인해 머릿속에 걱정이라는 위협적인 메시지가 자라나면, 그 즉시 "인생의 선함을 맛보아 알지어다"라는 문장을 떠올리고 되뇌어라. 이 문장에 집중하며 이에 관해 깊게 생각하라. 불안이 가라앉으면 객관적인 눈으로 실제 발생한 일을 하나씩 살펴보라. 무엇이 당신의 불안감을 자극했는지, 그 실체를 들여다보고 걱정을 잠재워라. 두려워하거나 걱정하지 않아도 된다고 불안감을 다독여라. 그러면 우리의 내면에서 무엇을 해야 할지 알려줄 것이다.

key 2

욕망의 덩치를
줄여라

좋고 싫음의 잣대를 버려라

독이 든 음식은 미련 없이 버려라.
_티베트 불교

걱정에서 벗어나는 과정을 배우는 동안 반드시 명심해야 할 사항이 있다. 좋고 싫음을 가르지 않는 것이다. 열망의 덩치가 커질수록 좋아하는 것만 찾게 되어 집착 욕구에 지배당하고, 또 위협적으로 느껴지는 모든 것을 거부하게 된다. 좋아하는 것을 발견하면 집착하고, 싫어하는 것을 발견하면 거기에서 벗어나기 위해 발버둥을 친다.

소중한 삶의 에너지 절반을 집착하는 데 쓰다 보면 다양한 경험에 쓸 수 있는 에너지가 절반밖에 남지 않는다. 또한 집착은 행복이 지속되는 것을 방해하고, 외적 조건에 따라 증발되게끔 만든다. 화창한 날에 행복을 느끼지만 천둥 번개가 치면 그 행복은 온데간데없이 사라져버린다. 바람 속에 나부끼는 나뭇잎처럼 언제나 긴장을 늦출 수 없고 다음에 어떤 일이 닥칠지 생각하며 촉각을 곤두세워야 한다. 세상은 끊임없이 변하기 때문에 누구 혹은 무엇에 의존해야 하고 어디에서 진정한 안정을 찾아야 할지 알 수 없게 된다.

우리는 고통스러운 것은 좋지 않고, 달콤한 것은 좋은 것이라고 여긴다. 하지만 사실은 그렇지 않다. 단지 처음 접해서 불편을 느끼는 것일 뿐, 실은 큰 의미를 품은 것일 수도 있다. 반면 친근하다는 이유만으로 해로운 무언가에 집착하고 있을지도 모른다. 집착은 이처럼 어떤 것이 진정으로 유익한지를 판단할 수 없게 만든다.

자기 자신에게 정직해져라. 지금 이 순간을 정직하게 살아야 한다. 자신에게 정직해지면 좋고 싫음이 만물을 판단하는 잣대가 될 수 없음을 알게 된다.

마음을 열고 집착을 버리면 '좋고 싫음'이라는 구식 잣대를 없앨 수 있다. 좋고 싫음을 구분 짓는 것이 중요하지 않음을 깨닫게 된다. 중요하지 않은 잣대를 삶의 토대로 삼을 이유가 없다. 우리는 정보가 적다는 이유만으로 새로운 것을 두려워하곤 한다. 자신에게 큰 이익이 되는 변화를 알아보지 못하고 그로부터 도망치려고 뒷걸음질을 친다. 그러나 좋든 싫든 모든 것은 언젠가 변한다. 우리가 숭배하고 우리의 삶을 이끌던 것이 언젠가부터 삶을 후퇴시킬 수도 있다.

그러니 좋은 것만 추구하고 싫은 것은 거부하는 것은 그만둬라. 삶 속에 들어오는 모든 것에 조금씩 마음을 열라.

♦ 삶에 펼쳐지는 모든 일을 환영하라

오는 것이 있으면 가는 것이 있고, 만남이 있으면 이별이 있다. 이는 본질적인 삶의 법칙이다. 모든 경험이 자연스럽게 흘러가도록 놔두면 앞으로 다가올 경험을 더 충만하게 즐길 수 있다. 그뿐만 아니라 고통과 어려움에 강해지고, 부정적인 생각에 겁먹으며 걱정할 일이 사라진다. 이처럼 마음에 담고 있는 것을 내려놓으면 더욱 자유롭게 앞으로 나아갈 수 있다. 마음의 짐을 내려놓을수록 삶의 여정은 더 가볍고 자유로워지는 법이다.

계획하거나 원한 것이 아니라고 해도 오늘 당신의 삶에 펼쳐지는 모든 일을 환영하라. 쫓아버리거나 그에 관해 속단하지 말고, 있는 그대로 환영하고 받아들여라. 삶에 감사하라. 감사하는 마음을 가지면, 인생에서 맞닥뜨리는 모든 일에서 교훈을 얻을 수 있다.

또한 떠나가는 모든 것을 붙잡지 마라. 가도록 내버려두라. 떠날 때가 되면 떠나야 한다. 함께한 시간을 감사히 여겨라. 그 누구도 자연의 섭리나 삶의 리듬을 바꿀 수 없다. 떠날 수 있도록 길을 내어주라. 만남은 일시적이고 삶은 순간의 흐름에 지나지 않는다는 것을 깨달으면 불안과 걱정을 없앨 수 있다.

동자승이 묵상 스님에게 말했다.

"스님, 묵상 시간이 너무 싫습니다. 묵상하면 오히려 마음이 산만해지고,

다리가 아프고 이내 잠들어버립니다."

"다 한때라네."

스님이 무덤덤하게 말했다.

일주일 뒤, 동자승이 스님을 다시 찾아가 말했다.

"묵상 시간은 정말 굉장합니다! 정신이 깨어 있어 평화롭고 생생합니다.

정말 좋습니다!"

"다 한때라네."

이번에도 스님은 무덤덤하게 말했다.

잃고 싶지 않은 마음을 놓아버려라

세상의 모든 존재는 내면에 행복의 길을 품고 있다.
_불교 기도문

위대한 선승 도겐은 어렸을 때 불교를 연마하기 위해 중국으로 향했다. 도겐은 중국에 수년간 머문 후, 일본으로 돌아가는 위험한 여정을 택했다. 그가 일본에 도착하자 소문을 전해 들은 많은 이가 그의 가르침을 얻기 위해 모여들었다. 사람들이 도겐에게 수년간의 수행을 통해 무엇을 배웠느냐고 묻자, 그는 다음과 같이 대답했다.

"소유하지 않는 마음을 배웠소."

무소유는 걱정뿐 아니라 우리 인생의 크고 작은 문제의 해법이 되어주는 귀중한 가르침이다. 소유한 것이 없으면 집착할 대상도 없으므로 항상 여유롭고 무엇이든 받아들일 수 있다. 무소유의 마음을 가진 사람은 타인의 감정을 있는 그대로 느끼고 관계 맺는다. 또한 대가를 바라지 않고 베풀며, 상대가 보답하면 있는 그대로 받아들인다. 무소유는 언제라도 무엇이든 받아들일 수 있는 열린 마음을 선사한다. 그리고 어떤 것이라도 맞이하고 기꺼이 받아들일 마음의 준비를 할 수 있다.

🌱 가지고 싶은 것은 무엇이며 잃고 싶지 않은 것은 또 무엇인가

우리는 자신도 눈치채지 못하는 수많은 방법으로 삶을 판단하고 비난하고 거부하며 살아간다. 스스로 삶을 붕괴시키고 있는 것이다. 걱정은 이러한 붕괴에 일조하며, 내면을 약화시킨다. 쇠약해진 정신은 불안과 두려움의 쉬운 먹잇감이 되기 마련이다. 자신의 삶을 붕괴시키는 무익한 생각은 당장 그만두라. 다른 목표를 세워라. 나와 남을 통제하고 남에 맞추며 안전 지향의 삶을 살겠다는 것은 제대로 된 목표가 아니다. 그것은 거짓 자아가 만들어낸 거짓 목표에 불과하다. 걱정이 자라날 토양을 굳이 만들어낼 필요가 없다.

수도자가 아니라도 무소유의 마음을 가질 수 있다. **첫째, 거짓 자아의 욕구를 들여다보는 것이 우선이다.** 솔직하게 거짓 자아와 마주하라. 당신의 거짓 자아가 가지고자 몸부림치는 것은 무엇이고, 잃을까 봐 두려워하는 것은 또 무엇인가? 집착하고 있는 그 대상을 잠시 놓을 수 있는가? 즉, 원하는 것에 대한 욕망과 마음에 들지 않는 것에 대한 거부감을 버릴 수 있는가? 큰 금액의 돈, 사회적 지위와 명예, 멋진 집과 차, 남에게 보이기 좋은 관계 등 거짓 자아가 추구하는 것은 겉보기에 세련되고 강력해 보일지도 모른다. 그러나 실은 당신의 인생을 혼란에 빠뜨리는 허상에 불과하다.

둘째, 거짓 자아가 당신 내면에 심어놓은 집착과 소유욕을 매일 하나씩 지워나가라. 목록을 적어보고 실제로 그것을 지우기 위해 노력하는 것도 좋다. 완전히 버리는 것을 목표로 매일 수행하라. 행여 잃어버릴지 모른다는 불안감이나 반드시 가지고 싶다는 욕망을 버리고, 거짓 자아의 손을 놓아라. 삶의 단맛만 얻고 쓴맛은 거부하기 위해 고군분투하던 주먹을 활짝 펼치는 것이다.

셋째, 현실을 있는 그대로 받아들여라. 흘러가는 대로 자기 삶을 인정하고 그 흐름에 몸과 마음을 맡기면 엉뚱한 곳에 가 닿을까 잔뜩 움츠린 채 근심 걱정할 일이 없어진다. 이렇게 하면 어느 정도 무소유의 마음에 다가설 수 있다. 꾸준히 수련함으로써 무소유의 마음가짐에 도달하면 집착과 걱정이 썰물처럼 사라질 것이다.

🌱 소유욕을 버리기 위한 화두 : 그러한가

무소유의 마음을 완벽하게 수련한 위대한 선인의 옛이야기가 전해진다. 그 선인은 자신에게 무엇이 주어지든 기쁘게 받아들였고 주어진 것이 떠나도 잡지 않고 떠나도록 내버려두었다.

어느 작은 마을에 사람들의 존경을 한몸에 받는 선인이 있었다. 그는 많은 시간을 홀로 명상하면서 보냈다. 마을 사람들은 그를 성인으로 섬기며 음식이나 공양을 바쳤다. 안정되고 간결한 삶을 사는 그에게 누구나 존경을 표했다.

그러던 어느 날, 마을의 한 처녀가 아이를 가졌다. 아이의 아버지인 남자는 가정을 꾸릴 준비가 되지 않았다며, 훌쩍 마을을 떠나버렸다. 처녀는 의지할 곳 하나 없이 절망에 빠졌다. 한편, 처녀의 배가 점점 불러오자 마을 사람들은 아이 아버지가 누구냐고 다그쳤다. 처녀는 고민 끝에 선인이 아이의 아버지라고 답했다. 누군가가 달려가서 묻자 선인은 그저 "그러한가?"라고 답했다. 이 소식을 들은 마을 전체는 혼란에 빠졌다. 선인에 대한 마을 사람들의 생각은 완전히 바뀌었다. 선인을 거론할 때마다 마을 사람들의 표정은 어두워졌으며, 모두가 그를 욕하고 더 이상 그를 찾지도, 음식을 가져다주지도 않았다. 이런 상황을 전해 들은 선인은 "그러한가?"라고 답할 뿐이었다.

이윽고 아기가 태어나자 처녀는 아이를 안고 선인을 찾아가 말했다.

"여기, 당신 아이예요."

"그러한가?"

선인은 똑같은 대답을 하며, 사랑스럽다는 듯 양팔로 아이를 꼭 안았다.

이후 수년간 선인은 온 힘을 다해 아이를 키웠다. 그런데 어느 날, 떠났던 아이의 친부가 마을로 돌아왔다. 그는 지난 일을 후회하면서 아이는 물론 처녀와 함께 살고 싶어 했다. 처녀는 기쁨에 못 이겨 온 마을에 사건의 진실을 밝히며 돌아다녔다. 그리고 남자와 함께 아이를 돌려받기 위해 선인을 찾아갔다.

"그러한가?"

선인은 이렇게 말하며 기꺼이 아이를 친부모에게 내주었다.

그 후 마을 사람들은 다시 선인을 칭송하기 시작했다. 사람들은 그에게 아낌없는 존경을 표하며 그의 오두막에 다시 찾아오기 시작했고 음식과 선물도 가져다주었다. 그때마다 선인은 "그러한가?"라고 말하며 그것을 받았다.

위의 이야기는 칭찬과 비난 또한 스쳐 가는 것에 불과하며, 영원히 가지는 것도 없고 영원히 잃는 것도 없음을 보여준다. 이러한 진리를 알면 어떤 일이 닥쳐도 불안에 떨지 않으며, 놓아줄 때가 되면 기꺼이 놓을 수 있다. 선인이 거듭 말하는 "그러한가?"라는 화두를 연습하라. 기쁨을 느낄 때도, 고통스럽거나 나쁜 일이 있더라도 "그러한가?"로 반응하라. 모든 것이 한때임을 깨달으면 자신을 뒤흔드는 어떤 사건이 일어나도 평정을 유지할 수 있다.

이야기 속 선인은 모든 것이 일시적이며, 좋은 것이 나쁜 것으로, 나쁜 것이 좋은 것으로 변할 수 있음을 잘 알았다. 마찬가지로 기쁨이 고통으로, 고통이 기쁨으로 변할 수도 있는 것이다. 선인은 인생의 모든 변화를 흥미롭게 바라보며 받아들였기 때문에 앞으로 일어날 일에 대한 두려움에서 자유로울 수 있었다. 그는 칭찬이나 존경을 바라지 않았고 비난을 두려워하지 않았다. 그에게는 집착이 없었기에 완전한 안정과 사랑을 찾을 수 있었다. 어떤 일이 벌어져도 받아들였고 때가 되면 그대로 놓아주었다. 이것이 바로 무소유의 마음이다.

무소유의 마음으로 사는 법을 익히고 인생의 덧없음을 알면, 아무리 슬프고 고통스러워도 그것이 다가 아님을 깨닫게 된다. 기대와 다른 일이 벌어져도, 설사 불행이 일어나더라도 결과에 집착하지 않고 삶을 있는 그대로 받아들일 수 있다. 자신의 인생이 어떻게 펼쳐져야 한다는 헛된 기대가 없으면 불안할 일도, 걱정할 것도 없다.

때때로 자신의 방식이나 명예에 욕심을 부리는 사람도 있다. 자신의 존재 가치를 입증받기 위해 대접받기를 원하기도 한다. 그리고 남이 나를 그만큼 대우해주지 않으면 크게 실망하고 노여워한다. 스스로 자신의 존재 가치를 확신할 수 없기에 불안해하는 것이다. 이야기 속 선인은 타인의 존경을 필요로 하지 않았다. 자신에 대한 믿음이 굳건했기에 오히려 타인의 믿음을 구걸하지 않았으며, 모두가 외면할 때에도 그 자신은 두려움이 미치지 않는 곳에서 진정한 안정을 누렸다. 이처럼 무소유의 마음을 가지면 남의 시선이나 소문에 좌지우지되지 않을 수 있다. 인위적인 요소가 없는 진정한 나에 도달한다.

이 위대한 선인을 초인이라고 생각하는 사람도 있겠지만, 그렇지 않다. 그는 우리와 똑같은 인간이다. 다만 평안을 찾고 밝은 삶을 사는 기본 원칙을 잘 알고 있었을 뿐이다. 우리도 이 원칙을 배워서 날마다 연습하면 그와 같은 삶을 살 수 있다. "그러한가?"의 화두를 잊지 말고, 집착과 욕심과 기대를 버리려 노력하라. 원칙을 잘 따르다가도 어떤 때는 초조해지면서 쓸데없는 불안이 스멀스멀 기어오를 수도 있다. 하지만 그 또한 자연스러운 현상이다. "그러한가?"로 반응하며 흘려보내라. 이러한 자기 수련을 통해 점점 더 많은 빛을 끌어모으면 어둠은 절로 물러난다.

♣ 걱정하지 않아도 괜찮다

이성적으로는 무소유의 원칙을 이해했더라도 한동안은 걱정을 흘려보내기가 쉽지 않을 수 있다. 걱정이 스쳐 지나가기를 바랐으나, 그러지 않고 머릿속에 그림자를 드리우기 시작하면 잠시 모든 것을 멈추어라.

무엇이 불안하기에 지금 걱정하는가? 불안의 테마는 거의 비슷하다. 이별, 죽음, 고통 등이 그것으로 (1장에서도 말했듯이) 총체적으로는 변화로 뭉뚱그릴 수 있다. 생각해보라. 변화가 오면 어떠한가? 그것을 당신이 멈출 수 있는가? 변화를 거부하는 것은 삶의 법칙과 맞서 싸우는 행위이다. 누구도 썰물과 밀물을 막을 수 없고 해가 뜨고 지는 것을 막을 수 없듯이 결국에는 자연의 법칙을 따르게 되어 있다. 소중한 삶의 에너지를 왜 쓸데없는 일에 낭비하는가?

다시 한 번 당신의 불안을 크게 들이마시고 다시 내뱉어보자. 불안에서 벗어날 길이 열리고 두려움이라는 거대한 장벽에 금이 갈 것이다. 방금 우리는 불안감을 약하게 만드는 공격을 한 것이다. 불안이 약해지면, 불안의 거짓말도 서서히 모습을 감춘다.

대개 사람들은 걱정이 사라지면 그 대신 무엇을 통해 안전을 유지할지 의구심을 품는다. 그뿐만 아니라 모든 것을 그대로 유지할수록 삶이 더 안정될 것이라고 생각한다. 하지만 진실은 그 반대이다. 걱정은 우리를 얼어붙게 한다. 걱정의 말을 따르면 마치 죽은 사람처럼 정지된 삶을 살게 된다. 시체는 어떤 행동도 스스로 행할 수 없다.

하지만 살아있는 우리는 유연하고 자발적으로 움직이며 상황에 부합하여 행동할 수 있다. 특히 무소유의 마음을 갖게 되면 무엇에서든 자유로워질 수 있다.

key 3

생각을 멈추고 행동을 시작하라

지금 여기, 이 순간의 나를 인식하라

오늘은 어제와 내일 사이의
가장 정확한 중심이다.
_도교

　행동하기 위해서는 우선 현재에 대한 의식을 잃지 않는 것이 중요하다. 현재를 의식한다는 것은 곧 자신이 어디에 있는지, 무엇을 해야 하는지를 알고 있다는 말이다. 걱정의 가장 큰 특징은 우리의 정신과 에너지를 모두 과거 혹은 미래로 향하게끔 한다는 것이다. 이를 타개하기 위해서는 현재에 집중할 필요가 있다. 지금 하고 있는 일에 전력을 다하라. 그럼에도 걱정은 머릿속에서 떨어지지 않으려 발버둥 치며 틈만 나면 당신을 지배하려 할 것이다. 그러므로 끊임없이 현재를 인식하려는 훈련을 해야 한다. 의식하는 연습을 통해 걱정에서 벗어나 지금 이 순간, 이 장소에서 한 걸음씩 내딛는 것에 집중할 수 있다.

　의식하는 연습은 단순하다. 지금 당신은 어디에서 무엇을 하고 있는가? 자신에게 지금 필요한 것은 무엇인가? 얼굴에 닿는 공기와 발바닥에 느껴지는 땅의 감촉은 어떠한가? 음식을 만들 때에는 그것에 완전히 몰입하고, 식사를 할 때는 한 입 한 입 느껴지는 맛을 만끽하라. 무엇을 하든지 온 정신을 집중해야 한다. 깨어 있어라. 공상 속에 빠져 삶을 잃어서는 안 된다.

이러한 연습이 처음에는 불편하겠지만 곧 습관처럼 익숙해질 것이다. 그리고 자신과 타인과 세상에 대한 진심 어린 관심이 커질수록 쓸데없는 근심은 적어질 것이다. 이러한 자기 수행은 일생에 거쳐 계속되어야 한다.

한 스님이 십여 년에 걸친 수행을 마치고 마침내 중생을 제도하기로 마음 먹었다. 비가 오던 어느 날, 그는 유명한 선승을 찾아갔다. 그가 들어서자 선승이 한 가지 질문을 하며 반겼다.

"나막신과 우산을 현관에 두고 오셨나요?"

"네."

"우산을 신발의 왼쪽에 두었습니까, 오른쪽에 두었습니까?"

스님은 질문에 답하지 못했다. 그는 자신이 완전히 깨어있지 못했음을 깨닫고, 그 자리에서 선승의 제자가 되어 십 년을 더 수행했다.

의식하는 삶을 살수록 공상이 줄어들고 진정한 자신을 발견하게 된다. 물론 진정한 자아를 보는 것이 고통스러울 수도 있다. 사람들 대부분은 어떤 식으로든 반드시 본래 자신이 아닌 다른 완벽한 존재가 되어야 한다고 생각한다. 그러나 완벽을 향한 욕망, 내가 아닌 다른 사람이 되고자 하는 욕망은 우리의 행복을 앗아가고 그 자리에 두려움과 불안, 강박과 걱정을 남겨놓을 뿐이다.

🌱 매일 자신에게 세 가지 질문을 던져라

자신이 매일 무엇을 주고받으며 그것이 자신에게 어떤 고통과 문제를 일으켰는지를 생각해보는 것은 의식을 현재에 머무르게 하는 좋은 방법이다. 다음의 세 가지 질문을 던지고 시간을 들여 답변을 생각해보자.

1   오늘 무엇을 받았는가?
2   오늘 무엇을 주었는가?
3   오늘 어떠한 고통과 문제를 일으켰는가?

처음에는 자신이 가진 것이 없다고 생각하고 있으며, 준 것에 집착하고 삶을 부담스럽고 피곤하게 여기고 있음을 발견하게 될 것이다. 또 타인이 내게 저지른 잘못과 그로 인한 고통을 떠올릴 것이다.

하지만 매일 세 가지 질문에 답하는 수련을 지속하다 보면 깜짝 놀랄 만한 사실을 발견하게 된다. 자신이 살면서 많은 것을 받았지만 이를 인식하거나 감사히 여기는 경우가 거의 없다는 사실이다. 아침 햇살, 맛있는 식사, 동료나 친구의 미소에 고마워한 적이 있는가? 이런 사실을 인식하게 되면 감사의 마음이 저절로 생겨날 것이다. 또한 세 가지 질문은 우울한 기분을 효과적으로 치유해준다. 감사하는 마음과 우울감은 마음속에서 함께 머무를 수 없기 때문이다.

당신은 타인에게 무엇을 주고 있는가? 이에 관해 자세히 생각해보라. 쉽게 줄 수 있었는데도 주지 않았음을 깨닫게 되고, 자연스럽게 삶의 균형을 맞추고 자신이 받은 모든 것에 감사하는 마음이 생겨난다.

마지막 질문은 꽤 흥미롭다. "오늘 어떠한 고통과 문제를 일으켰는가?" 이는 죄책감을 느끼게 하려는 질문이 아니다. 우리는 자신의 상처받은 마음만 곱씹지 내가 타인에게 어떤 고통을 주었는지에는 관심이 없다. 매일 이 질문을 통해 초점을 바꾸면 자신이 다른 사람들에게 어떠한 곤란을 야기했는지 깨닫게 된다. 이를 알면 문제를 쉽게 해결할 수 있다.

행동의 결과를 두려워하지 마라

> 행동에는 위험과 대가가 따른다.
> 그러나 아무 행동도 하지 않았을 때의
> 장기적 위험과 대가에 비하면 훨씬 적다.
> _존 F. 케네디 John F. Kennedy

실수를 두려워하면 행동하기가 어렵다. 걱정 많은 사람들이 의도치 않게 게으름뱅이가 되고 마는 이유가 여기 있다. 그러나 실수한다고 해서 무엇이 잘못되는 것은 아니다. 실수는 인생의 친구와 같은 존재다. 넘어지지 않으면 일어설 수 없다. 넘어지기를 두려워하는 아이는 걸음마를 뗄 수 없는 것과 같은 이치이다. 행동하고 그로부터 교훈을 얻고 더 강해져서 앞으로 나아가는 것은 자연스러운 삶의 과정이다. 실패나 실수를 두려워하면 앞으로 나아갈 수 없다.

우리 인생에는 실수가 필요하다. 위험을 무릅쓰고 두려움에 맞서 더욱 강해졌다는 의미이기 때문이다. 불안과 걱정에 맞서 위험을 무릅써서 정면을 직시하며 행동에 나서면 이미 삶의 승자가 된 것이다. 결과에 신경 쓰지 마라. 실수하지 않는 사람은 없다. 실수도, 실패도 해보지 않았다면 그것은 아무 일도 하지 않았다는 말과 동일하다.

걱정은 벌어지지 않은 일에 대한 것이 대부분이다. 일단 행동하면 걱정의 손아귀에서 벗어나 자유를 되찾을 수 있다. 행동하고 그 결과를 기다리는 과정을 거듭함으로써 쓸데없는 걱정을 몰아내고 불안이나 두려움에 굴하지 않는 강한 정신을 가질 수 있다. 진정한 자아를 찾고 근원적 힘이 충만하게 된다. 실수했거나 실패했던 경험을 떠올려보라. 무슨 일이 있었는가? 그것은 상상했던 만큼 정말로 고통스러웠는가? 실수와 실패를 통해 무엇을 배웠는가?

실수에 대한 정의를 점검해볼 필요도 있다. 예상치 못한 결과가 나와서 고통을 경험하는 것을 실수라고 생각하는 사람이 많다. 하지만 그 고통을 실수라고 판단하는 것은 누구인가? 만약 결과가 좋았어도 그것이 실수였을까?

실수인지 아닌지는 자기 자신이 판단하는 것이다. 어떤 일이 일어나고 그에 대한 결과가 일어났을 뿐인데 왜 굳이 실수라고 생각하는 것일까? 인생의 모든 요소를 통제하지 못했기 때문인가? 모든 일을 통제할 수 있는 사람이 있을까? 자신이 모든 것을 통제해야 하는 이유가 있는가? 혹시 나 자신의 잣대가 아닌 타인의 잣대를 기준으로 삼고 있는 것은 아닌가?

에릭은 사람들과 대화하는 것을 극도로 꺼린다. 그는 언제나 남의 말을 듣기만 하며, 소극적으로 반응할 뿐 자신의 의견을 말하지 않는다. 이성과의 관계에서도 마찬가지여서 데이트를 하더라도 번번이 연인관계까지 진전되지는 못했다. 에릭의 문제는 말실수할까 봐 두려워하는 것이다. 그는 누군가에게 무슨 말을 하고 나면 그 말로 인해 몇 날 며칠을 걱정한다고 했다. 혹시 상대가 자신의 의도와 다르게 받아들이거나, 그래서 기분 나쁘게 여기지 않았을까 하며 노심초사하는 것이다. 그런 걱정에 사로잡히는 것이 두려운 나머지 그는 일상생활에서 아예 입을 다물고 있다.

누구나 잘못이나 실수를 저지를까 봐 두려워하고 언제나 완벽해야 한다는 생각을 한다. 그러나 이런 생각은 거짓 자아의 속삭임으로 만들어진 공상에 불과하다. 누구도 완벽할 수 없으며 완벽하지 않더라도 아무 일도 일어나지 않는다. 이제 어리석은 속삭임에 귀 기울이지 말고, 가능한 한 많은 실수를 저질러라. 그러다 보면 어느 순간이고, 생각했던 것처럼 나쁜 결과로 이어지지 않음을 깨달을 것이다.

진정한 자아는 실수나 실패를 걱정하지 않는다. 오히려 그것을 기회 삼아 잠재력을 일깨우길 원한다. 거짓 자아의 속삭임에 넘어가서 걱정이란 덫에 걸려 우물쭈물하는 사이, 결국 아무 행동도 하지 못하면 이는 진정한 자아를 실망시키는 일이다. 자기 자신에게 충실하지 못한 것이다.

🌱 완벽한 인생은 신기루에 불과하다

실수나 실패했던 경험을 떠올리고 다음 질문에 답해보라.

1   실제로 무슨 일이 벌어졌는가?

2   그 일에 관심을 가진 사람이 있었는가? 있었다면 어떤 반응이었나?

3   어떤 교훈을 얻었는가?

그리고 잘못을 저지를 수 있는 다섯 가지 방법을 생각해보라. 하루에 하나씩 저질러보고 무슨 일이 일어나는지 살펴보라. 지독하게 나쁜 결과가 나왔는가? 그렇지 않을 것이다. 그리 나쁜 결과가 나오지 않았어도 걱정을 끌어안고 살고 싶은가? 잘못될까 봐 불안해하며 항상 아무 일 없기만을 바라는 것은 자신을 벼랑 끝으로 내모는 일이다. 이런 삶은 자신뿐만 아니라 다른 이들에게도 피해를 준다. 상대방이 틀렸다고 생각되면 그를 무시하거나 거부해버리기 때문이다. 반대로 상대방이 옳고 자신이 틀렸다고 생각하면 스스로 부족하다고 생각한다. 그래서 신기루를 좇는 것이다.

190

신기루는 사막에만 있는 것이 아니다. 인생은 신기루로 가득
차 있다. 사막을 걷다 보면 저 멀리서 오아시스를 볼 수 있다.
오아시스는 진짜처럼 보이지만 갈증이 만들어낸 신기루에 불
과하다. 즉, 실제로 존재하지 않는 것이다. 그 사실을 모르는
사람은 오아시스가 존재한다고 생각하면서 젖 먹던 힘을 다해
근방으로 달려간다. 그러나 다가갈수록 오아시스는 계속 멀어
진다. 조금만 더 가면 오아시스가 있을 것 같아 계속 달리지만
뜨거운 사막 위를 달리는 동안 갈증은 더욱 심해진다. 물에 대
한 욕구는 점점 커진다. 하지만 오아시스와 같은 신기루는 갈
증을 해소해주지 못한다. 항상 옳으며 잘못을 저지르지 않는
완벽한 사람이 되려는 환상은 신기루와 같다. 완벽에의 추구는
자신을 비정상적으로 만들 뿐, 삶의 지혜나 만족을 가져다주지
못한다.

오아시스가 망상일 뿐이라고 인정하면 비로소 자기 파멸적
인 행보를 끝낼 수 있다. 신기루는 존재하지 않는다. 스스로 만
들어낸 환상에 불과하다. 완벽에의 추구와 잘못에 대한 불안과
두려움도 마찬가지이다. 삶은 행동과 반응, 그리고 행동이 계
속되는 연속적 과정이다. 또한 삶에서 가장 중요한 것은 최선
을 다해 진심으로 자신이 할 수 있는 일을 하는 것이다. 현실에
충실하라. 명료하게 보고 듣고 느끼고 행동하라. 전력을 다해
임하면 인생이 바뀌기 시작할 것이다.

🌱 무조건 행동하라

"무조건 행동하라"는 말은 행동의 결과에 초점을 두지 말라는 뜻이다. 초점을 두어야 할 것은 행위 그 자체이다. 보상을 바라는 것은 행동만 하는 것이 아니라 어떤 속셈을 가지고 행동하는 것이다. 속셈이 깃든 행동은 불안을 야기할 뿐이다. 행동하면서도 의식의 절반은 무엇을 되돌려 받을 수 있을지에 쏠려 있기 때문이다. 이런 경우, 돌아오는 것이 없으면 흥분하고 분노하게 된다.

상대 또는 세상이 내게 무엇을 줄지, 그것이 과연 기대에 부합할지를 계산하고 있는가? 앞으로 벌어질 일의 결과를 이리저리 그려보느라 머릿속이 바쁜가? 지금 당장 이런 생각을 멈춰라. 그리고 지금 있는 장소, 지금 함께인 사람, 지금 일어나고 있는 일에 몰두하라. 어떠한 일이든 현재 상황에 최대한 충실해야 한다.

혼자 있을 때면 주변의 소리와 환경에 집중해보라. 얼굴을 스치는 시원한 바람을 느끼고 자신의 몸가짐과 자세에 관심을 가져보라. 지금 이 순간 당신은 무엇을 하고 있는가? 자신의 모든 관심을 현재에 쏟아라.

결과에 무게를 두면 불안이 고개를 든다. 반면 행위에 완전히 몰입해서 최대한 즐기면 그 행동 자체로 만족을 얻을 수 있고 걱정이 사라진다. 온 힘을 다해 현재에 몰두하는 자세는 비단 걱정뿐 아니라 모든 부정적인 사고에서 벗어날 수 있는 훌륭한 치료법이다.

🌱 공백의 시간을 즐겨라

우리 모두는 생각에 중독되었다 해도 과언이 아니다. 아무런 생각도 필요하지 않은 때조차 공상으로 머릿속을 채운다. 조금만 불안해도 걱정이 부풀어 오르는 것은 머릿속이 언제나 공상으로 가득 차 있기 때문이다. 불안이란 감정에 생각이 더해지니 그 즉시 걱정이 생겨난다.

물론 모든 공상이 불필요한 것은 아니다. 삶이 지루하고 무의미하게 느껴질 때는 공상이 활력과 흥미를 제공해주기도 한다. 그러나 그뿐이다. 때로는 미래의 청사진을 그리고, 이러한 공상을 통해 삶의 목표를 찾은 듯 흥분하지만 이 목표는 얼마 못 가 이내 시들해지고 만다. 몰두하던 공상이 시들해지면 그새를 참지 못하고 새로운 공상을 찾아 헤맨다.

오늘부터는 하루 단 몇 분이라도 공상을 모두 잊어버리자. 공상이 없는 공백의 순간을 누려보자. 삶의 방식이 바뀌는 순간 찾아오는 공백의 시간은 견디기 힘들 수 있다. 그럴 때면《능가경》의 다음 구절을 떠올려라.

"거짓을 버리면 진실이 저절로 고개를 든다."

이제까지 품어왔던 공상을 버리면 진정한 삶의 의미가 저절로 모습을 드러낼 것이다. 공상이 사라진 공백의 순간을 받아들여라. 불확실한 시간을 이겨내라. 공백에는 다양하고 새로운 가능성이 존재한다.

명상은 이러한 공백의 시간을 제공해준다. 세간의 존경을 받는 사람 중 상당수는 명상을 즐기는데, 종교적 이유에서가 아니라 공백의 순간을 가지기 위해서이다. 우리는 너무 많은 생각과 감정에 둘러싸여 있다. 나중에는 내가 느끼고 생각하는 것이 아니라, 감정과 생각에 끌려가는 형국이 된다. 반자동적인 감정 반응과 생각에 자신을 잃는다. 일례로 걱정은 주객이 전도된 채 오히려 우리를 압도하지 않는가. 명상은 감정과 생각을 조절할 수 있도록 도와준다. 가만히 앉아 잠시 자신의 내면을 완전히 비운다. 이를 통해 자기 감정과 생각의 주도권을 되찾아오는 것이다.

조용한 곳에 앉아서 지금 자신이 어떤 생각에 집착하고 있는지 들여다보라. 그리고 단 몇 분이라도 잊어보라. 얼굴을 스쳐가는 바람이나 눈앞에 흔들리는 촛불에 집중하는 것이 도움이 된다. 그리고 공상이 아닌 현실을 들여다보라. 이제 어떻게 행동하면 좋을까? 어떤 반응이 필요할까? 현실과 마주하고 그 상

황을 있는 그대로 놔두면 불안은 저 멀리 물러갈 것이다. 현실
을 통제하려 하지 말고, 흥미와 호기심을 가지고 그저 진행 상
황을 지켜보자.

🌱 실수를 인생의 친구로 만들어라

현실에서 도피해 공상으로 빠져드는 데에는 많은 이유가 있
다. 일이 잘못되지는 않을지, 웃음거리가 되거나 실수를 저지
르지는 않을지 두려워하는 것도 공상을 만드는 이유이다. 그러
나 앞서 말했듯 '실수'란 스스로 행동의 결과에 붙인 꼬리표에
불과하다. 실수는 없다. 우리의 행동과 그에 대한 결과, 그리
고 앞으로 일어날 일이 있을 뿐이다. 결과를 한쪽에서 바라보
면 성공이라고 부를 수도 있지만 또 한쪽에서 바라보면 실패라
고 볼 수도 있다. 그렇다고 해서 자신을 실패자로 여겨서는 안
된다. 인생을 즐기고 삶을 끝없이 탐구하고 성장하기 위해서는
행동해야 한다. 넘어져도 다시 일어서면 된다. 그 편이 두려움
에 휩싸여 꼼짝 못 하거나 온갖 망상에 빠지는 것보다 훨씬 낫
다. 넘어지고 일어서며 위험을 무릅쓸 때마다 당신은 이미 승
자라는 사실을 기억하라.

쉘라는 매일 같이 '해야 할 일'의 목록을 만들고 계획을 짜며,

모든 일이 완료된 미래를 상상했다. 이 일이 모두 잘 된다면 그녀는 분명 행복에 흠뻑 젖을 것이다. 그러나 쉘라는 그 계획을 실천으로 옮기지 않았다. 친구들이 이유를 물으면 "아직 때가 아니야"라고만 대답했다. 계획한 대로 일이 추진될지 확신이 서지 않았던 것이다. 실패하면 자신이 세워놓은 계획 자체가 모두 무용지물이 될지 모른다는 걱정이 그녀가 선뜻 행동에 나서는 것을 가로막았다. 아직도 그녀는 '해야 할 일'의 목록만 보완하면서 그 일을 하지는 못하고 있다.

가장 현명한 방법은 계획했다면 곧장 실천하는 것이다. 불안은 우리에게 "시간은 얼마든지 많아"라는 거짓말을 속삭이며 우리가 지금 할 수 있는 일을 나중으로 미루게 만든다. 완벽한 시기를 기다리지 않으면 안 된다며 걱정을 불어넣는다. 하지만 한 치 앞도 모르는 것이 사람 일이다. 기회는 지금뿐이다.

지금 당장 실천하라. 실행하다 보면 자신감도 조금씩 상승한다. 지금 할 수 있는 일을 찾아서 작은 일부터 당장 행동으로 옮겨라. 해야 할 일을 지금 당장 해치우면, 걱정이 자라날 시간이 없다. 걱정은 우리가 공상하는 틈을 타서 생겨난다는 사실을 명심하라.

지금 당장 할 수 있는 일을 하라

> 앞으로 닥칠 일에 대한 상상이
> 일 그 자체보다 더 인간을 괴롭히고 고문한다.
> _이드리스 샤흐

강박관념은 걱정과 관련해 빼놓을 수 없는 개념이다. 걱정이 삶을 지배하면 강박관념이 생겨나며, 강박관념이 발생하면 반드시 걱정이 따른다. 백만장자 하워드 휴즈가 세균을 지나치게 걱정한 나머지 비서에게도 흰 장갑을 끼고 서류를 만지게 한 것은 유명한 이야기이다. 망상 속에 펼쳐지는 강박적 사고는 사람을 더욱 초조하게 만든다. 때로는 충격적인 일을 겪은 이후 잘 될 것이라는 희망과 바람을 포기하고, 공상 속에 더욱 빠져들기 위해 강박관념에 사로잡히기도 한다. 그러면 결코 해결책을 찾을 수 없고 같은 걱정과 그로 인한 행동만 되풀이하게 된다.

강박관념이 심해지면 강박행동으로 발전한다. 현실 속의 무력한 자신과 정면으로 부딪치지 않고 거짓 안정을 얻기 위해 특정 행위를 반복하는 것이다. 거짓 안정에는 큰 희생이 따른다. 반복적 행동은 삶을 제한할 뿐만 아니라 지속적으로 엄청난 시간과 에너지를 소모하게 하여 자유를 앗아가기 때문이다. 또한 강박적 행동으로 얻는 거짓 안정은 쉽게 무너진다. 특정 행동을 하지 않으면 죄의식과 두려움이 머리를 치켜들기 시작한다.

어린 시절 아버지로부터 학대당한 마리아는 아버지는 물론이고 학대에서 벗어나지 못한 자신을 용서할 수 없었다. 그러나 그녀는 과거로부터 벗어날 방법을 알지 못했으며, 또한 자신을 소중하게 여길 방법에 대해서도 갈피를 잡지 못했다. 그녀의 강박행동은 식사 후 반드시 손을 씻는 것에서 시작되었다. 손을 씻으면 부끄러운 과거가 씻겨 나가는 기분이 들었던 것이다. 이것이 습관이 되자 식사 전에도 손을 씻게 되었고, 한 번이라도 손 씻기를 잊으면 뭔가 잘못될 것만 같은 걱정이 샘솟았다. 오래되지 않아 손 씻기는 강박증이 되어 그녀를 장악했다. 식사 전후는 물론이고, 외출 시에도 손을 씻지 않으면 어떤 일이 일어날지 걱정되어 안절부절못하게 된 것이다. 나쁜 생각이 그녀의 머릿속을 점령할 때마다 손을 씻지 않고는 배길 수 없었다. 그녀는 손을 씻을수록 왜 더 자주 씻어야만 안심할 수 있는지 이해할 수가 없다.

강박적 행동은 불안을 일시적으로 완화해준다. 하지만 원인을 해결하지 않으면 불안은 주변에 계속 도사린다. 마리아의 강박적 행동은 아버지의 학대로 인해 발생한 방어적 행동이었다. 그녀는 참혹한 감정에서 벗어날 방법을 몰랐기 때문에 상징적인 방법으로 고통을 씻어내려고 했다. 그러나 그것이 함정이 되어 오히려 불안에 내면을 장악당하고 말았다. 장기적으로 봤을 때 강박적 행동은 더 깊은 불안의 늪으로 우리를 데려가며, 자제력을 상실하게끔 만든다.

♦ 불안에 굴하지 않는 훈련

누구나 어느 정도는 공상과 반복적 행동을 통해 불안을 제어하고자 한다. 그러나 공상에 빠져들수록 현실은 더욱 두렵게 느껴지고, 현명하게 판단하고 효과적으로 행동할 여지가 줄어든다. 이때 필요한 일은 반복적 행동을 멈추고 즉시 다른 행동을 취하는 것이다.

일단 무조건 행동하라. 일어나서 밖으로 나가 인생과 마주하고 일을 행하라. 어떤 생각이 들든 상관하지 말고 그저 한 걸음씩 내디뎌라. 물론 불안이 그 길을 방해할 것이다. 불안은 모든 조건이 갖추어질 때까지 숨어서 기다리라고 속삭인다. 한 번 더 생각하고 준비하기 위해 실천 시기를 미루라고 한다. 그러지 않으면 어떤 나쁜 일이 일어날지 걱정을 통해 온갖 환상을 보여주며 위기감을 조장한다. 아직 준비가 덜 되었으니 조심하지 않으면 실수하고 조롱거리가 될 것이라며 끊임없이 속삭인다.

그러나 인생에서 완벽한 준비는 불가능하다. 모든 준비가 완벽한 날은 절대 오지 않는다. 일단 행동하라. 그러면 준비가 완료될 것이다.

요즘 실천이 머뭇거려지는 일을 하나 떠올리고, 그 일을 지금 당장 행동에 옮겨라. 다른 모든 생각은 멈추어라. 당신이 할 일은 당장 일어나서 행동으로 옮기는 것뿐이다. 일단 움직이기 시작하면 그다음 단계가 훨씬 수월하게 느껴지고 이후에 무엇을 해야 할지 명확하게 알 수 있을 것이다.

지금 이 순간 실천하면 배우고 성장할 수 있으며 자기 자신의 엄청난 잠재력을 발견할 수 있다. 선택의 결과를 확인할 수 있고 나중에 같은 일을 해도 더욱 현명한 선택을 할 수 있게 된다. 성패는 중요하지 않다. 실패에 대한 두려움에 갇히면 그 두려움에서 벗어날 수 없다. 걱정은 점점 더 벗어던지기 힘든 족쇄가 되어 인생의 발목을 잡을 것이다. 이를 위해 가장 좋은 순간은 바로 지금이다! 언제 무엇을 누구와 해야 할지 생각만 하는 사람들에게 들려줄 만한 좋은 이야기가 있다.

옛날 옛적에 어느 왕이 있었다. 그는 다음의 세 가지 질문에 대한 답을 알면 언제, 무엇을 해야 할지 단번에 판단할 수 있으리라 생각했다. 왕은 이 질문에 대한 답을 찾아내는 사람에게 큰 상을 주겠다고 했다.

"행동으로 옮기기에 가장 좋은 시기는 언제인가?"

"가장 중요한 사람은 누구인가?"

"가장 중요한 것은 무엇인가?"

많은 답이 나왔지만 왕은 어느 답에도 만족하지 못했다. 왕은 산속에 숨어 사는 현자에게 답을 구하기 위해 그를 찾아 나섰다. 산꼭대기에 도착하여 비로소 현자를 만난 왕은 현자에게 세 가지 질문을 했다. 정원을 만들기 위해 땅을 파고 있던 나이 든 현자는 주의 깊게 왕의 질문을 듣더니, 아무 말 없이 다시 땅을 파기 시작했다. 그 모습을 지켜보던 왕은 현자가 고된 노동에 지쳤음을 알고 말했다.

"삽을 이리 주시오. 내가 땅을 팔 테니 잠시 쉬시오."

현자는 잠시 숨을 돌렸고, 왕은 땅을 파기 시작했다. 몇 시간이 지나자 왕은 피곤을 느꼈다. 왕이 말했다.

"내 질문에 대답할 수 없다면 그렇다고 말씀해주시오. 그러면 바로 돌아가도록 하겠소."

그때 현자가 숲 속을 가리키며 물었다.

"누군가 달려오는 소리가 들리지 않습니까?"

잠시 뒤, 배를 움켜쥔 한 남자가 휘청거리며 숲 속에서 달려 나왔다. 그는 왕과 현자의 앞으로 다가오더니 그 자리에서 쓰러졌다. 남자의 배에는 깊은 상처가 나 있었다. 왕은 남자의 상처를 소독하고 자신의 상의를 벗어 상처 부위에 덧대었다. 남자가 깨어나 물을 구하자 왕은 서둘러 근처의 개울로 달려가 물을 가져다주었다. 남자는 물을 받아 마신 뒤 그대로 잠들었다. 왕과 현자는 그를 오두막 안으로 옮겨 뉘었다. 크게 피로해진 왕은 잠이 들었다.

다음 날 아침, 왕이 잠에서 깨어나 보니 상처 입은 남자가 그를 바라보고 있었다.

"저를 용서하십시오." 남자가 조용히 말했다.

"용서라니?" 왕은 몸을 일으키며 말했다. "내게 용서를 구할 일이라도 했다는 말인가?"

"폐하께서는 저를 모르시겠지요. 하지만 저에게 폐하는 불공대천의 원수였습니다. 전쟁 당시 폐하는 제 형을 죽이고 땅을 빼앗아 갔지요. 저는 복수를 다짐하고 폐하를 죽이기로 맹세했습니다. 사실 어제 저는 폐하를 기다리며 숨어 있었습니다. 하지만 어찌 된 일인지 폐하가 돌아오지 않아 찾으러 나선 길에 폐하의 신하들이 저를 발견하고 공격한 것입니다. 그래서 깊은 상처를 입었지요. 폐하께서 저를 도와주지 않았다면 도망쳤어도 목숨을 잃었을 겁니다. 폐하께서 제 목숨을 구해주셨습니다. 폐하를 원망한 저 자신이 부끄럽습니다. 감사드립니다. 부디 저를 용서하십시오."

그의 놀라운 고백을 들은 왕이 말했다.

"네게 고통을 주어 미안하구나. 이제 적이 아닌 친구로 지내자."

남자가 떠난 뒤 왕은 현자에게 말했다.

"지금 떠나야겠소. 세 가지 질문에 대한 해답을 찾아야만 하오."

현자는 웃으며 말했다.

"폐하, 그 질문에 대한 답은 이미 나왔습니다. 만약 어제 돌아가는 길을 늦추며 제 일을 도와주지 않았다면 폐하는 공격을 받았을 것입니다. 따라서 가장 중요했던 시간은 제 정원의 땅을 파던 시간이었지요. 가장 중요한 사람은 함께 있었던 저였고, 가장 중요한 것은 저를 도와주는 일이었습니다. 이후 상처 입은 남자가 나타났지요. 남자가 나타난 이후로 가장 중요했던 시간은 그의 상처를 치료해준 시간이었습니다. 그렇지 않았으면 그는 죽었을 테고 폐하는 용서하고 화해할 기회를 영영 놓쳤을 것입니다. 가장 중요한 사람은 그 남자였고 가장 중요한 것은 그의 상처를 치료하는 일이었지요. 다시 말해 '현재'가 가장 중요한 유일무이한 시간입니다. 가장 중요한 사람은 '지금' 함께인 사람이며 가장 중요한 것은 폐하 옆에 있는 사람을 행복하게 하는 일이지요. 이보다 명쾌하고 중요한 답이 어디 있겠습니까?"

왕은 현자에게 감사의 인사를 한 뒤, 평화로운 마음으로 길을 나섰다.

경쟁과 대립에서
한 걸음 물러서라

경쟁심과 대립심을 놓아버려라

> 대부분의 싸움은 자기 생각을 제대로 표현하지 못하거나,
> 다른 사람의 생각을 잘못 이해하기 때문에 생긴다.
> _스피노자 Baruch de Spinoza

우리는 자신과 타인을 비교하며 스스로에 대해 판단한다. 타인보다 얼마나 나은지, 얼마나 뛰어난지에 따라 자신의 가치를 판단하는 기준이 달라진다. 시종일관 남과 비교해 자신이 어떤 위치에 있는지 확인한다. 이런 행동이 인생에 얼마나 악영향을 끼치는지 아는 사람은 드물다. 타인을 뛰어넘거나 정복해야 할 대상으로만 생각하는 삶의 방식은 자신을 깊은 외로움과 두려움 속에 밀어 넣는다. 뛰어나고 강한 자만이 살아남는 약육강식의 법칙이 작용하는 인생을 살면, 불안이라는 생존 본능은 더욱 강력해진다.

한편, 경쟁과 대립은 망상을 부른다. 항상 남보다 뛰어나야 한다고 생각하면 반대로 자신의 부족함을 의식하게 된다. 사

랑, 칭찬, 성공, 돈 등 모든 것이 공평하게 나눠 갖기에는 부족하기 때문에 남보다 좋은 것을 빨리 취해야 한다는 생각에 사로잡힌다. 아무리 많이 얻어도 늘 부족함을 느끼고, 다른 사람이 무언가를 얻으면 그만큼 자신의 몫이 줄었다고 믿게 된다. 가져도 가져도 모자라고, 타인으로 말미암아 피해당한다고 생각하는 망상에 빠지는 것이다. 남이 내 것을 침범하거나 남에게 빼앗길까 봐 마음은 노상 불안하고 머릿속은 걱정으로 가득 찬다. 그러나 칭찬, 성공, 인간관계, 인정과 사랑 등은 어느 한 사람이 얻는다고 해서 다른 사람의 몫이 줄어들지 않는다. 오히려 아무리 나눠 가져도 모자라지 않으며, 나눌수록 더 풍성해진다. 그러나 불안과 걱정이 만들어낸 망상에 갇히면 축복으로 가득 찬 세상을 불행 속에 살게 된다.

🌱 경쟁심과 대립이 불안을 낳는다

우리는 자라면서 많은 것을 배우지만 진정한 친구가 되는 법은 배우지 못한다. 오늘날, 수많은 인간관계는 적의와 두려움으로 가득 찬 라이벌 의식에 기반을 두고 있다. 내가 타인보다 똑똑하고, 나는 옳고 상대가 틀리기를 마음속으로 소망한다. 권력 투쟁은 친숙하지만 사랑과 용서, 화해는 낯설다.

승자나 옳은 사람, 옳은 관점은 오직 하나뿐이라는 생각은 그 이면에 자신이 경쟁에서 뒤처질지 모른다는 위험을 전제하고 있다. 그로 인해 사람들은 끊임없이 불안해하며 타인을 이기지 못하면 자신이 질까 봐 걱정한다. 진정한 성공은 함께 승리하고 친구가 되는 데 있다는 것을 모르기에, 거짓 자아를 친구 삼아 불안 속에서 살아가기를 택한다. 이렇게 되면 걱정의 사슬을 끊을 수 없고, 모든 사람이 자신의 적이라는 망상에서 헤어나오지 못한다.

한편 대립은 어떤 요구를 받거나 자신이 원하는 것과 전혀 반대 방향으로 삶이 자신을 이끌 때 발생한다. 어디로 가야 할지, 무엇이 옳은지, 무엇이 유익한지, 무엇이 슬픔으로 이끌지 알 수 없게 된다. 옳은 것은 받아들이고 그른 것은 거부해야 한다고 생각한다. 이런 사람은 자신에 만족하지 못하는 것은 물론, 여러 가능성을 받아들이지 않는다. 오로지 실패할 가능성, 잘 못될 가능성에 대해서만 상상하게 된다.

타인과의 전투는 진정한 내적 대립을 보지 못하게 만들어 곪게 할 뿐이다. 이길까 질까를 끊임없이 가늠하며 자신을 불안 속에 가둔다. 또한 진정으로 자신 자기에게 필요한 것이 무엇인지 모르면 대립 속에 살게 된다. 대립을 통해 평화를 얻을 수 있다고 생각하는가? 그렇지 않다. 대립은 대립을 만들 뿐이다. 타인을 밀쳐내면 결과적으로 자신도 타인에게 밀침을 당한다.

진정으로 대립을 해결하고 타인과 자신의 관계 속에 평안과 균형을 찾을 수 있는 건설적이고 구체적인 방법이 많다. 그 방법을 통해 약육강식의 법칙에서 벗어나 걱정의 족쇄를 끊을 수 있다. 나아가 잠재력을 발견하고 발휘할 수 있게 된다.

나와 네가 아닌 우리에 주목하라

> 친구에게 손을 내밀되 주먹을 쥐고 내밀어서는 안 된다.
> _디오게네스 라에르티우스 Diogenes Laertius

경쟁심과 대립에서 벗어나기 위해서는 무엇보다도 윈윈 관계를 형성하는 것이 중요하다. 윈윈 관계는 상호보완과 성공을 기반으로 한다. 한 사람이 승리하기 위해 다른 한 사람이 패배하는 상황을 겪지 않아도 된다. 상대가 승리하면 두 사람 모두 승리하는 것이다. 예를 들어 한 사람이 바다에 빠져 허우적대는 상황에서 그를 구하기 위해 다른 한 사람이 뛰어들었다고 치자. 이때 승리는 배타적인 것이 아니며, 한 사람의 성공이 곧 두 사람의 성공이 된다.

몇 해 전, 시애틀 장애인 올림픽에서 있었던 일이다. 신체 혹은 지적 장애 아동 선수 아홉 명이 90미터 단거리 달리기 출발선에 나란히 섰다. 총성이 울리자 선수들은 승리를 거머쥐기 위해 달리기 시작했다. 그런데 갑자기 한 남자아이가 넘어져 몇 바퀴 굴렀다. 아이가 울음을 터트리자 나머지 선수 여덟 명이 그 소리를 듣고 뒤돌아보았다. 아이들은 달리기를 중단하고 한 명도 빠짐없이 넘어진 아이에게 다가갔다.

다운증후군을 앓고 있는 한 여자아이가 몸을 구부려 "내가 치료해줄게"라며 남자아이의 볼에 입을 맞췄다. 아홉 명은 모두 함께 팔짱을 끼고 결승선에 도착했고, 관중석에 있던 모든 관중은 일어나서 환호했다. 이 감동적인 일화는 지금까지도 많은 사람에게 회자되고 있다. 그 이유가 뭘까? 우리 모두 혼자 승리하는 것보다 함께 승리하는 것이 더욱 중요하다는 사실을 마음속 깊이 알고 있기 때문이다. 결승선에 도착하는 속도가 조금 늦거나 방향이 바뀐다고 해도 다른 사람이 승리하도록 도와주는 것이 중요하다. 이런 세상을 살아간다면 타인을 믿지 못하고 경계하느라 걱정할 일이 줄어들 것이다. 미담에서나 가능한 일이라고 치부하지 마라. 당신의 인생에서도 충분히 가능하다. 모두가 함께 승리하는 조화로운 관계를 선택하기만 하면 된다.

건전한 관계는 기본적으로 서로에 대한 신뢰와 지원을 바탕으로 한다. 조화란 서로 통하는 개인 간의 에너지, 영감의 본질적인 흐름을 의미한다. 이 흐름은 음양과 같이 균형을 이루며, 우리는 서로의 흐름을 교환하여 최적의 삶을 살 수 있다. 본래 개인, 인간관계, 조직은 조화와 균형을 추구한다. 조화와 균형을 이루는 방법은 많다. 그 방법 중 하나가 바로 대립으로, 대립이 항상 나쁜 것만은 아니다. 기존의 소통체계가 더 이상 효율적이지 않으면 대립은 새로운 균형을 이루기 위한 수단이 될 수 있다. 긍정적인 대립은 변화와 성장을 촉진한다.

나 혹은 당신이 아니라 우리가 함께 승리하는, 즉 윈윈하는 환경을 조성하는 것은 그리 어렵지 않다. 인간성에 기반한 간단한 기본 원칙만 지키면 된다. 즉, 자신과 타인 그리고 세상에 대해 존중하는 마음을 가지는 것이다. 이러한 기본 원칙이 어쩌면 생소하게 느껴질 수도 있겠지만, 이를 실천하면 새로운 세상을 발견할 수 있다. 약육강식의 복잡한 매듭을 풀려면 의식적인 노력을 기울여야 한다. 우리 모두가 승리하는 새로운 생활방식을 만들면 갈등 해소가 쉬워지고 불안과 스트레스, 걱정이 눈 녹듯 사라질 것이다.

약탈자와 경쟁자를 구분하는 법

경쟁에 대한 견해는 사람마다 다르다. 어떤 사람은 경쟁자를 인생이라는 경기의 동반자라고 생각한다. 이런 사람의 소원은 모두가 잘 되는 것이다. 또 다른 사람은 경쟁을 어떤 일에 최선을 다하게 도와주는 촉매제라고 생각한다. 이들에게 경쟁이란 건전한 것이다. 이들은 새로운 삶을 열어주는 기회를 즐기고 최선을 다해 열심히 산다.

살면서 느낀 경쟁의 장점 다섯 가지를 적어보라. 그 속에 당신이 생각하는 진실한 경쟁의 모습이 있다. 그에 비추어 다음 질문에 답해보자. 당신에게 경쟁은 어떤 의미인가? 경쟁자가 당신의 사고력을 키울 수 있도록 도와준 적이 있는가? 혹시 약탈자를 경쟁자로 착각하거나, 반대로 생각한 적은 없는가? 약탈자와 건전한 경쟁자에 대한 대응은 구분되어야 한다. 위협과 도전은 엄연히 다른 것이다.

약탈자를 경쟁자로 착각하면 타인에 대한 신뢰를 잃고, 불신과 걱정으로 경쟁에 임하게 된다. 반대로 건전한 경쟁자를 약탈자로 생각하여 잘못 대응하는 경우가 발생할 수도 있다. 그 때문에 윈윈하는 환경을 조성하는 한편 경쟁자와 약탈자를 분별하는 안목이 필요하다. 이유 없는 불신도, 무조건적인 믿음도 아니라 진실되고 편협하지 않은 시선을 갖춰야 한다.

그렇다면 필자가 말하는 약탈자란 어떤 사람들인가? 경쟁자가 생기면 경쟁자를 제거하려는 부류로, 이들에게 경쟁자는 자신의 것을 빼앗으려 하는 위험하고 악한 존재이다. 당신에게 개인적인 원한이 있거나 당신을 끌어내리려고 안달이 난 사람은 진실한 경쟁자라기보다는 약탈자로 볼 수 있다. 질투나 의심하는 경향이 강하고 항상 불안정하며 집착이 심하다.

적극적으로 의사소통하라

윈윈할 수 있는 환경을 만들려면 자유로운 의사소통의 장을 조성해야 하며, 특히 오해는 생기는 즉시 풀어야 한다. 오해가 곪으면 혼란이 야기되고 적개심과 집착이 심해진다. 믿지 못하고 한 번 의심하면 그에 대한 걱정은 점점 커진다. 이를 방지하려면 들었거나 들었다고 생각하는 것에 즉시 반응하고 피드백을 구하라.

상대방의 의도와 자신이 들은 말에는 엄청난 차이가 있을 수도 있다는 사실을 기억하라. 그러므로 피드백이 필요하다. 많은 사람이 자존심을 지나치게 내세운 나머지, 들은 내용을 바탕으로 상대의 의도를 멋대로 가정해버린다. 대화 내용을 헛짚고 있는 경우가 많은 것이다.

오해는 의사소통 문제로 발생한다는 것을 알아야 한다. 오해가 생겼다면 즉각적으로 피드백을 구하라. "당신이 뭐라고 말했는지 확인하고 싶어요"라는 방식으로 이야기하면 상대방도 자신의 입장을 확실하게 이야기할 수 있으며 좋지 못한 감정을 그 즉시 일단락시킬 수 있다.

상대방을 비난하는 것이 아니라 단지 의사소통을 명확하게 하겠다는 의지를 갖고 대하는 것은 친분을 쌓기에도 더 좋다. 상대방도 그 신호를 동일하게 받아들일 것이다. 서로의 의사를 확인하면 더 많은 의사소통이 이루어진다.

오해는 실망에서 비롯되는 경우가 많다. 상대에게 실망하면 등을 돌리고 의사소통의 길을 막아버리는 것이 일반적인 반응이다. 인간관계에서 안정적이고 존중받고 있다고 느끼기 위해 무엇이 필요한지 생각해보라. 자신의 안정과 존중에 위협이 느껴지면 상대방에게 필요한 것을 이야기하라.

누군가를 약탈자로 단정 짓기는 쉽다. 그러나 단정 짓기 전에 그런 상황을 해소하려고 노력해보라. 상대방을 비판적인 눈으로 바라보지 말고 좋은 점만 찾아보자. 비난의 불에 기름을 붓지 말고 좋은 점만 보려고 하면 상대방도 똑같이 행동할 것이다.

그리고 경쟁 상대에게 점심을 사라. 점심을 먹으며 상대방의 말에 집중하고 상대방을 주인공으로 만들어 대화하라. 그가 당신에게 자신의 인생, 희망, 꿈, 두려움 등 모든 것을 말하도록 만들라. 상대방을 도울 방법을 생각하라.

이렇게 하면 점심 식사가 끝날 때쯤이면 그는 더 이상 위협적인 존재가 아닐 것이다. 서로 어떻게 도울 수 있을지, 둘 다 공통으로 원하는 것이 있는지, 양쪽의 이익을 위해 함께 어떤 노력을 해야 할지 생각할 수 있다. 그러면 상대를 경쟁에서 제치거나 이기려는 생각은 자연스럽게 사라지며 그가 나를 도태시킬지 모른다는 우려 또한 공상에 불과했음을 깨닫게 된다.

🌱 모욕에 일일이 반응하지 말라

대립과 경쟁, 그리고 분노와 증오는 부정적인 공상을 만들어 낸다. 남이 나를 해칠 것만 같고 보복을 당할 것 같은 불안이 엄습한다. 공상이 지나치면 잘 지내는 동료나 친구까지도 의심과 두려움의 대상이 되고 만다. 이처럼 대립과 경쟁심은 사람을 부정적 감정에 휩싸이게 만들기 때문에, 아예 처음부터 커지지 않도록 다스려야만 한다.

그런데 대립과 경쟁심에서 벗어나야 한다고 하면 많은 이들이 '타인이 나를 건드리지만 않으면 자신도 그런 마음을 가지지 않을 것'이라 대답한다.

물론 모욕적인 언사를 들으면 그에 관한 생각에서 좀처럼 벗어나기가 힘들다. 모욕을 준 상대에 대한 분노와 증오에 사로잡히기 때문이다. 그러나 일반적인 생각과 달리 증오를 제거하는 것은 전혀 어렵지 않다. 어두운 방에서 필요한 것은 어둠을 사라지게 하는 한 줄기 빛이다. 증오도 마찬가지이다. 증오를 없애는 데 필요한 것은 상황을 마무리 지을 작은 동정심이다. 이 동정심의 빛을 받아들이면 증오의 어둠이 즉시 물러날 것이다.

타인의 행동을 바꿀 수는 없지만 행동을 선택할 수는 있다. 사랑을 선택하라. 행복을 선택하라. 고통의 늪에 빠지는 길을 택하지 마라. 타인을 선악으로만 판단하려 들면 그를 보는 시각은 물론 자신을 보는 시각을 넓힐 수 없다.

한편, 모욕에 대한 생각이 증오로 발전되기 전에, 모욕에 반응하지 않음으로써 부정적 감정의 싹을 잘라 버리는 것도 방법이다. 이는 상대에게도 효과가 있는데, 반응하지 않으면 모욕을 가한 상대는 관심을 잃게 되며 그 상황도 가라앉는다. 물론 언제나 그렇지는 않다. 행동을 취해야 하는 경우도 있다. 그럴 때는 개인 감정을 접어두고 올바른 방법으로 대처하는 것이 최선이다.

다음의 이야기는 대응하지 않는 것이 때로는 최선의 대응이라는 점을 보여준다.

보쿠덴 츠카하라는 일생 사무라이 200여 명과 겨루어 한 번도 패한 적이 없는 칼의 명수였다. 그는 자신의 검술학교를 가지고 있었다.

하루는 그가 몇몇 행인과 함께 배를 탔다. 그중 한 명이 무례하게 거드름을 피우며 자신의 탁월한 검술을 자랑하고 있었다. 그런 허풍에 관심이 없던 보쿠덴은 배의 다른 쪽으로 가서 낮잠을 청했다. 한참 자랑을 하던 사무라이는 보쿠덴이 자신의 말에 전혀 관심이 없다는 것을 보고 화가 났다. 그는 보쿠덴에게 다가가 그의 어깨를 마구 흔들며 물었다.

"어째서 나의 검술 이야기에 관심을 보이지 않고 잠만 청하는 거요?"

보쿠덴이 공손하게 대답했다.

“저의 검은 당신의 검과 다릅니다. 상대를 이기지 않고 상대에게 패하지
도 않는 것이 저의 검도입니다.”

더욱 분개한 사무라이가 소리를 질렀다.

“당신의 검술학교 이름이 무엇이오?”

보쿠덴은 다음과 같이 대답했다.

“무수(無手) 학교라 합니다. 칼을 쓰지 않고 적을 이긴다는 뜻이지요.”

“그렇다면 왜 검을 차고 다니는 거요?”

“이 검은 다른 사람을 찌르기 위한 것이 아닙니다. 저 자신의 욕심을 버리
기 위한 것입니다.”

사무라이의 얼굴이 붉으락푸르락 변했다.

“그렇다면 검 없이 나와 싸워보겠소?”

“못할 것도 없지요.”

사무라이는 당장 뱃사공에게 결판을 낼 수 있는 가장 가까운 섬으로 배를
돌리라고 명했다. 보쿠덴은 그보다 사람이 다치지 않게 멀리있는 섬으로
가자고 요청했다. 사공은 보쿠덴의 말을 듣고 먼 섬으로 배를 돌렸다. 배
가 얕은 물가에 도착하자 전의에 불타던 사무라이가 먼저 배에서 뛰어내
려 칼을 빼 들고 해변으로 걸어갔다.

남아 있던 보쿠덴은 유유히 검을 사공에게 넘기면서 배에서 내릴 준비를
했다. 그러더니 갑자기 사공의 노를 빼앗아 힘차게 큰 돌을 밀어냈다. 그
러자 배는 깊은 바다로 밀려났다. 멀어져 가는 섬과 사무라이를 두고 보
쿠덴이 말했다.

"이것이 저희 무수 학교의 원칙입니다."

— 닐 더니건

우리는 누군가 자신을 공격하거나 모욕하면 그를 나무라는 것이 정당하다고 배웠다. 그렇게 하지 않으면 상대방이 자신을 만만하게 보기 때문이라고 말이다. 분노를 표출할 기회를 찾기 위해 모욕과 멸시를 기다리는 사람도 있다.

당신은 모욕당해서 화가 날 때 어떻게 행동하는가? 분노에 어떻게 대처하는가? 불같이 화를 낸 후에 아무 일도 없었던 것처럼 행동하는가? 받았던 모욕을 그대로 되돌려 주는가? 아니면 책임감 있게 자신의 감정을 솔직히 전달하는가?

모욕에 건설적으로 대처하면 부정적인 상황에 휘말리지 않을 수 있으며, 모욕을 성장의 기회로 받아들일 수 있다. 모욕을 개인적으로 받아들이지 않으면 상처받을 일이 없다. 모욕에 담대해지면 그것을 두려워하지 않으며, 지레 겁먹거나 긴장하지 않는다.

하지만 그 전에 모욕이 긍정적인 결과를 불러올 수도 있다는 사실을 인지해야 한다. 이전에 잘못했던 일에 대한 인과응보로 모욕을 당하는 것일 수도 있으며, 힘과 인내심을 키우거나 충동적인 행동을 자제하는 법을 배울 기회가 될지도 모른다. 자신에게 모욕을 주는 상대가 어떠한 사람인지 생각해보면서 온

정을 키울 기회로 삼을 수도 있다. 이처럼 모욕 또한 나쁜 것만
은 아니며 마음먹기에 따라 아무렇지 않게 흘려보낼 수 있음을
알면 그에 대한 생각의 소용돌이에서 벗어날 수 있다.

분노를 버리고
자존감을 높여라

자신의 그림자를 인정하라

인간은 자연적 존재일 뿐만 아니라,
자신과 타인에게 신비스럽고 낯선 존재이다.
_한스 게오르크 가다머 Hans-Georg Gadamer

자기혐오는 현대인이 겪는 주요 질병 중 하나이다. 자기혐오는 대체로 우울증으로 이어진다. 우울증은 자신에 대한 분노로 인해 발생한다. 우울증에 걸린 사람은 자신이 느끼는 분노의 정도를 알지 못한다. 또한 자신이 건전한 방법으로 분노를 표현하는 방법을 모른다고 생각하며, 타인을 해칠까 봐 두려워서 자해한다.

자기혐오에 사로잡혀 있는 사람은 자신에 대해 부정적이고 매사에 확신이 없다. 그들은 타인에게 존경과 인정을 구하려고 한다. 사회적으로 인정받는 배우자, 일, 친구, 생활방식을 택해 자신이 존경을 받을 만하고 사회에 잘 적응했다고 생각한다. 그러나 자신의 거짓 실체가 위협을 받으면 두려움과 증오심이 발생한다. 자기 자신에 대한 증오뿐만 아니라 타인에 대한 증오와 걱정이 함께 발생하는 것이다.

어느 신도가 선승 반규(盤珪)에게 불만을 털어놓았다.

"스님, 가끔 참을 수 없이 화가 치밀어 오릅니다. 그럴 때마다 저 자신은 물론이고 다른 사람이 미워집니다. 어떻게 하면 좋을까요?"

"이상한 일이군요. 그 화를 제게 보여주십시오."

"지금은 화나지 않습니다." 신도가 말했다.

"언제 보여줄 수 있겠습니까?" 반규가 물었다.

"저도 그때를 알 수 없습니다." 신도가 말했다.

"그렇다면, 그 화는 당신의 진정한 모습이 아닙니다. 화가 당신의 진정한 모습이라면 아무 때나 제게 보여줄 수 있지 않겠습니까."

🌱 타인에 대한 증오는 나 자신의 그림자이다

무엇이 증오를 불러일으키는가? 증오에 가득 차면 어떤 행동을 하게 되는가? 증오가 깊어지는 것을 막기 위해 어떻게 대처하는가? 불안을 없애려면 증오심을 제어해야 한다. 증오는 개인은 물론 사회에도 바람직하지 않은 것으로 여겨지는 감정이다. 그래서 증오를 숨기는 경우가 많다. 하지만 악의는 호시탐

탐 분노의 불을 지필 기회만 엿본다. 이 불씨의 근원을 완전히 뿌리 뽑으려면 분노를 직시하고, 있는 그대로 받아들여야 한다. 그대로 받아들이면 흥미로운 일이 일어난다. 불안과 마찬가지로 증오를 똑바로 바라보고 거짓을 들춰내면 증오는 주춤하다가 사라져버린다. 자생능력이 없는 증오는 먹잇감이 없으면 시들해진다. 그러나 증오가 내뱉는 거짓말을 믿는 순간 증오는 암처럼 빠르게 전이한다. 정신을 바짝 차리고 "그만"이라고 말할 때 비로소 증오의 뿌리를 뽑아낼 수 있다.

비니는 자신의 잘못을 깨닫지 못하고 항상 다른 사람을 탓했다. 자신이 항상 옳고 다른 사람은 틀렸다는 것이다. 자신의 행동에는 수많은 이유가 있고 타인은 늘 악당이었다. 이런 행동 때문에 비니의 인간관계가 무너졌고 큰 손해를 입었다. 그는 잘못했다는 말을 결코 하지 않았고 실수를 인정하는 일도 없었다. 그는 누구도 믿지 못했고, 의심하고 화내고 상처받기를 반복했다.

분노를 정당화하면 분노가 끊이지 않게 된다. 분노는 자연스러운 것이며, 타인에게 화풀이하는 것이 정신건강에 좋다고 믿는 사람도 있다. 그러나 건강하고 책임감 있게 화를 표출하는 것과, 공격과 비난 혹은 속임수의 도구로 이용하는 것은 엄연히 다르다. 분노를 정당화하는 것은 분노가 우리의 삶을 통제할 수 있도록 온갖 이유와 구실을 갖춰주는 것이다.

🌱 그림자 먹기

악의는 세상이 흑과 백, 단 두 가지로 나뉜다는 믿음을 심는다. 흑백논리로 가득한 사람에게 타인은 선과 악으로 나뉜다. 물론 자신은 언제나 선한 쪽에 있고 타인은 악한 쪽에 있으며, 그러므로 타인을 미워하고 심지어 그들의 인생을 망쳐도 괜찮다고 생각한다. 이런 식으로 타인을 악으로 정의해서 자신의 가치를 증명하려 한다.

그릇된 자존심을 세우기 위해 상대를 낮춰보고, 자신의 두려움을 표출하여 진정한 상대의 모습을 보지 못하면 자신을 비롯한 모두에게 이익이 되는 행동을 할 수 없다. 그릇된 자존심은 오늘의 적이 내일의 친구가 될 수도 있다는 사실을 깨닫지 못하게 한다. 친구가 적이 되고 적이 친구가 되는 일은 빈번하게 일어난다. 이 세상은 흑백으로 이루어져 있지 않다. 만물은 지속적으로 변하며 우리의 마음도 계속 변한다.

한 사람의 그림자에는 그 자신이 인정하지 않고 억눌러왔던 본인의 모습이 담겨 있다. 이런 모습에는 스스로 이해할 수 없는 행동, 기억, 욕망이 깃들어 있다. 그런데 이렇게 부정적인 모습은 자신보다 타인에게서 훨씬 더 수월하게 찾을 수 있다. 그림자는 강력한 힘을 가지고 있어서 삶의 전반에 영향을 미친다. 계속해서 그림자를 숨기다 보면 그림자는 우리의 활력을 앗아가고 갈등에 빠뜨리며 불행한 삶을 살게 한다.

자신의 그림자를 마주하면 삶의 활력과 행복을 얻을 수 있다. 스스로 받아들일 수 없는 것에 대해 타인을 비난할 필요는 없다. 이를 '그림자 먹기'라고 한다. 만일 누군가를 증오하고 거부하고 있다면 그 모습은 나 자신이 만든 것이다. 단지 자기 스스로는 그 모습을 받아들이기 싫어 다른 사람을 통해 바라볼 뿐임을 기억하라.

누군가의 싫은 점이나 이해할 수 없는 점이 무엇인지 생각해보라. 그리고 자신에게 그와 같은 점이 있지 않은지 살펴보라. 그 사람처럼 행동하고 싶다고 느꼈던 경험을 떠올려보라. 그러한 자신을 받아들여라.

본인의 숨겨진 면을 억누르다 보면 그런 모습이 발견되는 사람만 찾게 된다. 자신의 그림자와 마주하길 거부하고 타인에게 이 그림자를 투영하면 최악의 경우에는 편집증이 생길 수도 있다. 그렇게 되면 세상을 악의로 가득 찬 곳으로 인식하고 본인도 모르는 계략이 존재한다고 믿기 시작한다. 자신의 증오를 세상에 투영하는 것이다.

🌰 자존감을 회복하기 위한 잘못된 노력

위협이나 공격을 받거나 부당한 대우를 당하면 "그만큼 되갚아서 안정을 되찾고 상처받은 자존심을 회복하라"는 악의와 분노의 속삭임을 들을 수 있다. 하지만 악의로 안정과 자존심을 되찾을 수는 없으며 오히려 더 잃게 된다. 앙갚음으로 인한 결과를 두려워하면서 자존감도 잃고 마는 것이다.

증오는 사람을 가리지 않는다. 자기면역질환에 걸리면 자신의 몸을 공격하듯이 증오는 자아를 삼켜버린다. 악의에 가득 찬 사람은 술이나 약물에 쉽게 의존하며 통제력을 잃는다. 심하면 심장병이나 뇌졸중 같은 육체적 질환으로 번지기도 한다. 걷잡을 수 없을 정도로 심각한 악의는 자신이 원하는 행동을 가로막는 모든 것을 파괴한다. 마치 먹잇감을 가리지 않고 맹렬히 달려드는 야생동물과 같다. 악의는 자신과 가장 가까운 존재에게 큰 해를 입히지만 그 누구보다도 자기 자신에게 입히는 해가 크다. 물론 악의의 종류는 다양하며 정당하게 생기는 악의도 있다. 하지만 그렇지 않은 경우가 대다수이며 다른 누구도 아닌 우리 자신의 인생을 공격한다.

자존감이 낮은 사람들은 자신이 가진 힘을 과장하고자 분노를 표출하기도 한다. 공격적으로 행동하며 분노를 정당한 것처럼 꾸민다. 하지만 증오가 가라앉고 상황이 더욱 악화되면 약해진 자신을 발견하게 된다. 분노로 유발되는 힘은 진정한 자신의 힘과는 다른 것이다. 진정한 힘은 악의의 충동을 거부할 수 있는 능력, 넓은 견지에서 상황을 바라볼 수 있는 지혜, 온정을 베풀 수 있는 능력에서 얻을 수 있다.

이 세상에는 증오와 폭력이 만연하다. 이 독을 제거하려면 표출된 분노만 해결해서는 안 된다. 분노의 뿌리를 찾아 뽑아내야 한다. 마나타카 미국 원주민 의회는 미국 원주민의 문화를 보전하고 보호하는 일을 한다. 다음은 그곳에서 구전되어 내려오는 유명한 이야기이다.

화가 잔뜩 난 손자가 할아버지에게 친구와 싸운 이야기를 들려주었다. 이 야기를 들은 할아버지가 말했다.

"잘 들어라. 나 역시 욕심이 많고 양심의 가책도 없는 사람들을 많이 미워한 적이 있었단다. 하지만 증오는 너 자신만 힘들게 할 뿐 상대에게는 아무런 해를 입히지 않아. 이는 스스로 독약을 먹고 적이 죽기를 바라는 것과 같단다. 내 안의 격한 감정과 싸우는 것은 두 마리의 늑대가 있는 것과 같아. 한 마리는 내게 해를 입히지 않는 좋은 녀석이야. 주변과 조화롭게 잘 어울리고 화를 내지 않지. 정당한 이유가 있을 때에만 정당한 방식으로 싸운단다. 하지만 또 다른 늑대는 아무 이유도 없이 누구에게나 언제고 싸움을 걸어 화를 치밀게 하지. 분노와 증오가 너무 크기 때문에 다른 생각을 할 겨를도 없어. 아무것도 변화시킬 수 없는 불필요한 분노란다.

내면에 이 두 마리 늑대를 함께 기르는 것은 매우 힘든 일이란다. 두 녀석
모두 내 영혼을 차지하려 드니까 말이다."

소년은 할아버지의 눈을 뚫어지게 바라보다가 물었다.

"누가 이겨요?"

할아버지는 미소를 지으며 조용히 말했다.

"내가 먹이를 주는 늑대가 이기지."

　자신도 모르는 사이 마음속의 악의는 다양한 양분을 먹고 자
란다. '나는 옳고 넌 틀려' '삶이라는 전쟁에서 이겨야 해' '다
른 이들은 다 내 적이야' '사다리에 올라서기 위해서는 누구를
짓밟든 상관없어' 라는 생각은 악의를 키우는 양분이다. 누군가
에게 상처받았으면 반드시 두 배로 되갚아서 다시는 그런 일이
일어나지 않게 해야 한다는 생각 또한 그러하다.

　증오로 가득한 마음으로 복수하면 반드시 또 다른 복수를 낳
게 된다. 하지만 악의로 가득하면 이 사실을 깨닫지 못한다. 공
격적 행동으로는 마음의 평안을 얻을 수 없다. 증오심을 키울
수록 더 큰 증오가 돌아온다. 이는 결코 거부할 수 없는 삶의
기본 법칙이다. 상처를 입은 사람은 언제든 다시 복수하려고
한다. 이 불행은 불안을 낳고, 불안은 걱정과 두려움을, 이어서
증오를 만드는 악순환을 낳는다. 그렇다면 어떻게 증오의 매듭
을 지을 수 있을까?

용서를 통해 인간은 더욱 깊어진다

유연함이 강인함을 이긴다.
_《도덕경》

용서와 선의의 삶은 자존감을 길러준다. 존중이 가득한 삶에는 증오가 들어설 자리가 없다. 자기혐오는 자신과 세상에 대한 존경심이 부족해서 생기는 질병이다. 자기혐오를 없애기 위해서는 먼저 자신이 존중받는 삶을 살고 있는지 생각해봐야 한다.

우리는 무엇이 의미 있고 가치 있는 것인지, 또 존중이란 무엇인지 내면 깊은 곳에서는 알고 있다. 이를 의식하는 사람도 있고 그렇지 못한 사람도 있다. 어떤 경우든 내면의 진정한 가치나 의미와 상반되는 일을 할 때 자아는 부정적인 반응을 보인다. 그와 더불어 자존감이 낮아진다.

자존감을 키우려면 자신의 내면이 진정으로 가치 있게 생각하는 것이 무엇인지 깨달아야 한다. 불안에 굴복하고 자신에 대한 믿음을 져버리면 자기혐오의 먹이가 되기 쉽다. 자기혐오를 막으려면 자신을 존중하는 삶을 살아야 한다.

자신이 가장 존경하는 사람을 생각해보라. 당신의 영웅은 누구인가? 그들의 어떤 점을 존경하는가? 이 질문을 통해 스스로 무엇을 가장 가치 있게 여기는지를 알게 될 것이다. 부족하면 부족한 대로 자신을 받아들여라. 삶을 자존감으로 충만하게 만들어라.

누구보다도 자기 자신을 존중하라

스스로를 존중하면 타인도 무시할 수 없다. 자연스럽게 타인에게 좋은 점을 발견하고 긍정적인 태도를 보인다. 그러면 자기 자신을 존경할 수 있게 된다.

누구나 실수를 한다. 심각한 실수를 저지를 때도 있지만, 자기혐오의 늪에 빠지지만 않으면 어떤 실수든 바로잡을 수 있다. 이 사실을 인지하고 마음 깊이 새겨라. 자기혐오는 상처를 지속시키고 죄의식에 사로잡히게 한다. 많은 사람이 죄의식을 느끼면서 자신의 잘못에 대해 뭔가 보상할 만한 일을 하고 있다고 생각하지만 그렇지 않다. 진정한 보상을 가장한 죄의식은 여러 가지 부정적 결과를 가져온다. 또한 필요한 조치를 취하지 못하게 해서 앞으로 나아갈 수 없게 한다.

자신의 행동에서 죄의식이 느껴지는 부분을 생각해보자. 이를 고치려면 어떻게 해야 하는지 자문해보자. 사과해야 하는가? 봉사해야 하는가? 당신이 잘못을 저지른 상대방이 곁에 없다면 다른 누군가에게 대신 보상할 수 있는가? 진정 필요한 것이 무엇인지를 알고 있는 사람은 자기 자신뿐이다.

필요한 일을 오늘 당장 행하라. 자신과 주변에 대한 존경과 사랑의 행위는 실수를 성장의 기회로 바꾸어 모두에게 이로운 결과를 만든다. 실수하지 않는 것은 불가능하다. 다만 '실수를 만회하기 위해 무엇을 하였나'가 중요하다. 실수하지 않을까 걱정하지 말고, 일단 행동한 후 실수인지 아닌지 판단하라. 그리고 무엇이 필요한지 깨닫고 한 번에 하나씩 보상하라.

🌱 그 누구도 당신의 영혼을 흔들 수 없다

삶은 끊임없이 흘러간다. 다른 이가 경험했던 것을 언젠가 자신이 경험하거나, 분노로 가득했던 사람이 어느 순간 깨달음을 얻고 사랑으로 충만해지기도 한다. 누구나 변화와 성장을 겪고 다시 태어날 수 있다. 이런 마음으로 타인을 바라보면 그의 성장을 도울 수 있고 자기 자신도 용서하는 삶을 살 수 있다.

랍비 조지프 겔버만의 삶은 이를 잘 보여준다. 조지프 겔버만은 미국의 종교통합운동의 창립자로, 참된 용서의 삶을 산 훌륭한 스승이다. 그는 제자와 친구를 두 팔 벌려 반겼다. 아흔일곱 살이란 나이에도 토론회와 워크숍을 열고 주례를 보기도 하며 세미나를 맡아 활기차게 진행하고 있다. 필자는 그를 수년간 보아왔지만 그가 누군가에 대해 험담하거나 비난하고 판단하는 모습을 본 적이 없다.

그는 헝가리 출신으로 유대인 학살 당시 부모님과 형제자매, 아내와 딸을 모두 잃었다. 그와 다른 생존자들의 차이점은 이 엄청난 악몽에 대처하는 방식이었다. 조지프는 분노하지 않고 단순히 이렇게 말했다.

"나는 가족의 몫까지 열심히 살 겁니다."

그는 서로 다른 종교 간의 대화와 평화를 일궈내는 데 일생을 바쳤다. 그리하여 예전 같은 비극이 다시는 일어나지 않도록 하는 것이 그의 소망이었다. 그가 전파하는 가르침의 핵심은 분노와 두려움에 대처하는 방식이다. 조지프가 계속해서 큰소리로 외치고 혼자 수없이 되뇌는 구절이 있다. "신께서 나와 함께 하시니 두렵지 않으리."

"두려움은 현실을 가장한 거짓일 뿐입니다. 신께서 우리와 있다는 사실을 믿고 그의 사랑을 믿으면 무엇이 두렵겠습니까?

이 사실을 잊기 때문에 겁먹고 화내는 겁니다. 모든 공포와 두려움, 그리고 분노는 신의 존재를 모르기 때문에 느끼는 거죠.

나는 아버지께 많은 것을 배웠습니다. 오래 전 헝가리에서 있었던 일입니다. 온 가족이 모두 안식일을 맞아 회당을 다녀왔어요. 집에 도착하니 강도가 들어서 모든 것을 훔쳐 갔더군요. 안식일 식사까지 몽땅 말이죠. 남아 있는 게 없었어요. 어머니는 울기 시작했고 우리는 두려움에 휩싸였죠. 그때 아버지는 손뼉을 세게 치시더니 말씀하셨어요. '그만 우울해하자고! 안식일이잖아. 강도가 모든 걸 가져갔지만 우리의 즐거움까지 가져갈 순 없어. 우리의 영혼까지 건드릴 수는 없단 말이야.' 그리고 안식일을 기리는 춤과 노래를 시작했습니다. 가족 모두 함께했죠. 그날의 아름다웠던 오후를 결코 잊을 수가 없답니다. 끔찍한 일이 생길 때마다 저는 스스로 내놓지 않는 한, 누구도 내 기쁨을 가져갈 수 없고 내 영혼을 건드릴 수 없다는 사실을 기억합니다.

다른 사람이 던진 기분 나쁜 말이나 화난 얼굴에 별로 관심을 두지 않기 때문에 이렇게 오래 살 수 있었다고 생각합니다. 누군가 비뚤어져 있으면 내가 그렇지 않음을 신께 감사드리죠. 모든 사람에게서 아름다운 점을 발견하는 것이 중요합니다. 나도 항상 그렇게 하려고 노력합니다. 내가 세상 모두를 사랑하느냐고요? 아니요, 나는 모두를 미워하지 않는답니다. 누구나 악한 자아와 선한 자아, 두 개의 자아를 가지고 있죠. 선한 기질을 계발하는 데 힘을 쏟고 사랑과 관용을 기르면 악한 기질은 사라지죠."

용서란 독이 되는 가학적인 관계를 지속하거나 자신에게 해가 되는 어떤 것을 계속 이어가라는 의미가 아니다. 용서는 자신이 느낀 분노를 버리고 상대방을 위해 기도하는 것이다. 그러면 자신을 위해 건강한 선택을 할 수 있는 능력을 갖추게 된다. 증오를 없애고 용서하는 마음을 기를 방법은 많지만, 무엇보다 그렇게 하려는 의지가 필요하다. 증오를 내보내고자 하는 진심을 갖고 있지 않으면 증오가 우리를 보호하고 우리는 증오에 매달리게 된다.

타인과의 관계는 세상을 천국으로 만들기도, 지옥으로 바꿔놓기도 한다. 용서와 사랑, 분노와 증오 중 어느 것이 천국의 열쇠이고 또 어느 것이 지옥의 안내자일지는 자명하다. 스스로 운명을 결정하라.

🌱 사랑은 상처를 치유하고 불안을 떨쳐낸다

사랑이란 무엇인가? 여기서 필자가 말하는 사랑은 단순한 감정이 아니다. 그보다는 감정을 느끼든 상관없이 취할 수 있는 행위에 가깝다. 감정은 날씨처럼 그날 일어났다 사라지는 것으로, 기준이 될 수 없다. 감정을 통제할 수는 없지만 행위는 제어할 수 있다. 즉, 언제든 사랑의 행동을 통해 자기 자신은 물론 세상에 축복을 보낼 수 있는 것이다.

사랑은 분노와 증오, 불안으로부터 우리를 보호해준다. 타인이나 세상에 대한 걱정이 시작되면, 그것을 사랑으로 대체하라. '만약 …하면 어쩌지'라는 생각과 함께 불안해지기 시작하면, 그 생각을 '결과에 관계없이 축복하고 모든 상황에 감사해'로 즉시 바꾸고 곁에 있는 이에게 사랑을 베풀라. 타인에게 축복을 베풀면 자신도 축복을 받는다. 자신의 삶이 더욱 넓어지고 번영하는 것을 느낄 수 있다. 누구에게 베푸느냐 하는 것은 상관없다. 사랑은 언제나 감사의 마음을 불러일으킨다.

사랑을 베푸는 방법은 다양하다. 선물이나 카드, 꽃을 보낼 수도 느낄 수 있고 친구나 연인, 가족에게 다정한 안부 메시지를 보낼 수도 있다. 경쟁자에게 신뢰를 표현하거나 동료를 격려하는 것 또한 사랑을 베푸는 행위이다. 자신이 좋아하는 방식을 선택하라. 보람과 즐거움을 느낄 수 있으면 된다. 또한 상대에게 진정으로 필요한 것은 무엇인지 생각해보라.

이러한 일을 즉각 행함으로써 부정적인 감정이나 생각을 사랑으로 대체할 수 있다. 이는 무조건 행동하라는 이 책의 세 번째 열쇠와도 일맥상통한다. **사랑의 행위를 적어놓고, 불안이나**

걱정, 증오나 분노 등이 엄습할 때마다 그것을 행하는 것도 방법이다. 특히 분노의 대상이 되는 사람을 상대로 사랑을 행하면 더욱 좋다. 상대방을 긍정적인 시선으로 바라보고 먼저 손을 내밀어라. 그러면 자신의 부정적인 모습이 사라지고 완전히 새로운 시각으로 상대방을 볼 수 있을 것이다.

♦ 긍정적인 말의 강력한 힘

긍정적인 말에는 엄청난 힘이 담겨 있다. 누구나 긍정적 말을 통해 축복의 힘, 다시 말해 삶을 격려하고 강화할 수 있는 힘을 발휘할 수 있다. 반면 자신의 말에 책임지지 않고 누군가에 대해 부정적인 말을 하면 그 대상에게 큰 상처를 주게 된다. 때때로 말은 그 의도와 상관없이 인간관계는 물론 행위의 결과에 큰 영향을 미치는 법이다.

다른 사람에 대한 부정적인 생각이 들 때마다 그 생각을 멈추고 상대방을 축복해보라. 다음의 말을 시시때때로 주문처럼 외워라.

"당신이 원하는 모든 일과 행복이 이루어지기를 기원합니다. 당신의 건강과 안녕을 기원합니다."

행위와 일도 축복할 수 있다. 당신이 하고 있는 일이나 자기 자신 혹은 다른 누군가가 참여하는 행위를 축복하면 사랑으로 가득한 에너지를 얻을 수 있다. 걱정의 시간을 자신과 타인을 축복하는 시간으로 바꿔라. 이러한 연습을 꾸준히 하면 불안에서 벗어나는 것은 물론이고, 건강과 행복 그리고 삶의 즐거움을 얻을 수 있다.

 타인을 축복하고 사랑의 눈으로 바라보면 주변에 간단하게 변화를 일으킬 수 있다. 타인은 물론 나 자신을 사랑의 눈으로 바라볼 수 있는가? 자기혐오와 상대방에 대한 부정적 감정에 굴복해서는 안 된다. 관점을 바꾸는 데는 단 1초도 걸리지 않으며, 축복의 말을 건네는 데는 1분이면 충분하다. 용서와 감사 그리고 사랑이 가져오는 변화를 체험하라!

사람과 세상을
믿고 소통하라

신뢰할 수 있으면 통제하지 않아도 된다

상대의 동기를 의심하는 순간
모든 행동이 순수하게 보이지 않게 된다.
_마하트마 간디 Mahatma Gandhi

뒤틀린 의사소통 속에는 조작과 통제가 가득하다. 어떤 것을 말하고 행동하지만 그 이면의 의미는 전혀 다르다. 그 이면의 의미를 알지 못해 실제 무슨 일이 벌어지고 있는지 갈피를 잡지 못하고 혼란스러웠던 경우가 많았을 것이다. 이 혼란 속에서 우리는 한없이 약해지고 타인에게 조종당한다.

약속은 지켜지지 않고 삶은 무의미한 말들로 가득 찬다. 내면의 깊은 욕구를 알아차린 누군가는 우리를 유혹하고 놀리며 애타게 하지만 정작 그 욕구를 이룰 수 있게 도와주지는 않는다. 남에게 조종당하거나 달콤한 말과 유혹에 속아 넘어간 경험이 있는 사람들은 타인의 진심을 쉽게 믿지 못하며, 다시 한번 마음에 상처를 입을까 걱정한다. 이런 이들에게 인간관계

는 그 자체가 불안이며, 의사소통은 지뢰밭처럼 위험하게 느껴
진다.

사람은 인정받고 사랑받기 위해서뿐만 아니라, 자신을 지키
려는 목적에서도 가면을 쓴다. 그러나 모든 가식은 그 정체가
드러나기 마련이다. 언제까지 타인과 자신을 속일 수 있을 것
같은가? 아무리 연기하고 포장하려고 노력해도 내면의 목소리
는 언젠가 들통 나게 되어 있다.

진실한 질문을 하나 던져보자. 타인과 마주하고 당신의 진심
을 그와 공유할 마음이 있는가? 만약 그럴 수 있다면 당신은 통
제에 대한 욕구, 그로 인한 걱정에서 벗어날 수 있는 올바른 길
로 들어선 것이다.

🌱 소통의 다양한 유형

타인과 인간관계에 대한 걱정을 떨쳐내려면 소통의 힘을 인
지해야 한다. 솔직하고 명확한 삶을 살기 위해서는 의사소통의
필요성을 진심으로 이해할 필요가 있다. 의사소통은 그 종류가
다양하다. 건전함과 기쁨을 가져다주는 의사소통이 있는가 하
면, 다양한 방법으로 고통을 증폭시키고 우리를 통제하며 삶을
파괴하는 의사소통도 있다. 어떤 사람 주위에서는 식물이 쑥쑥

240

자라지만, 어떤 사람 주위에는 식물이 말라 비틀어 죽는다. 그 까닭이 뭘까? 식물이 자라는 데는 이유가 없다. 식물은 아무 질문도 하지 않는다. 그저 꽃을 활짝 피우거나 피우지 못하고 죽을 뿐이다. 그러나 우리는 이성이 있는데도 불구하고 식물처럼 주변 사람이 누구냐에 따라 꽃을 피우지 못하고 말라죽는다. 이 사실을 인지하고 다른 사람과의 의사소통에 직관적으로 대응하라.

의사소통은 그 모습이 매우 다양하다. 의사소통의 첫 번째 모습은 말, 즉 언어적 소통이다. 두 번째 모습은 비언어적인 것으로, 신체언어나 미세한 메시지와 움직임 등이 있다. 어떻게 서 있고 앉으며 움직이고 어떤 몸짓을 하는가? 의상은 어떤가? 말투는 어떤가? 언어적, 비언어적 소통이 일치하는가? 모든 것이 조화로운가? 세상에는 가지각색의 사람이 존재하는 것처럼 의사소통법과 듣고 말하는 법도 아주 다양하다.

이러한 표면적 의사소통 외에 보다 근본적인 소통도 있다. 즉, 나와 타인의 진실된 모습을 알아차리고, 진심을 교환하는 소통이 그것이다. 우리는 일반적으로 누군가의 장점 때문에 그와 '같아' 지기를 바라고, 다른 누군가의 단점 때문에 그와 '달라' 져야 한다고 생각한다. 그러나 현실은 그렇게 단순하게만 흘러가지 않는다. 내가 단점이라고 생각하는 것이 타인에게는 장점으로 여겨질 수도 있다. 그러므로 무엇보다 내면과 소통하는 근본적인 의사소통이 중요하다. 우리 모두에게는 타인의 내면을 느낄 수 있는 직관이 존재한다. 자신의 직관을 믿으면 현실에 눈을 뜰 수 있고 조작에서 벗어날 수 있다.

속임수는 조작과 통제의 또 다른 모습이다. 의식적으로든 무의식적으로든 다른 사람의 감정과 지각을 교란하고 속이는 경우가 있다. 이는 언어적 소통과 비언어적 소통이 상충될 때, 상대방의 말과 행동이 앞뒤가 맞지 않을 때 주로 일어난다. 상충되는 메시지들 중 어떤 것을 진실로 받아들여야 할지 알 수 없게 만든다.

이런 유형의 의사소통은 생각을 마비시키고 불안을 조장한다. 자신이 사람을 잘못 본 것이 아닌지, 혹시 상대에게 속은 것은 아닌지 걱정되기 시작한다. 상대방에게 속은 것을 알게 되면 땅이 무너져내리는 듯한 느낌이 들 것이라 상상하고, 그러한 상상으로 상대에 대한 불신과 근심은 점점 더 커져간다. 걱정이 커지면 커질수록 마음 한편에는 상대가 나를 기만하고 있을 것이란 망상이 자리 잡는다.

이러한 상황에서 벗어나려면 먼저 머릿속 걱정과 공상에서 벗어나 지금 이 순간 진행되고 있는 의사소통에 집중해야 한다. 혼란스러운 이중적 메시지들에 쏠리는 생각을 하나하나 삭제하고, 실제로 오고가는 말에 집중하며 그에 대해서만 반응해야 한다(걱정에 반응하는 것이 아니라). 그뿐만 아니라 의사소통이 마음에 어떻게 와 닿는지 경청하는 법도 배워야 한다. 의사소통의 궁극적인 목적은 상대방의 반응을 보는 것이라고 말하는 사람도 있다. 상대의 반응을 잘 관찰하다 보면 겉으로 보이는 것 외에 직관적이고 근본적인 의사소통이 가능해지기 때문이다.

나-그것 관계에서 나-그대 관계로

어쩌면 우리는 대화가 아닌 서로 바라보는 시각이 깃든 말투에 반응하는 것일 수도 있다. 어떤 대화를 나누든, 말 속에는 은연중 자신에게 상대방이 어떤 의미인지가 담겨 있다.

어떤 이에게는 상대방이 아무런 의미가 없을 수도 있다. 그래서 상대방을 목적달성을 위한 존재로 여기며 아무런 감정도 없는 사물을 대하듯 이야기한다. 상대의 감정이나 의사는 그에게 고려 대상이 되지 않는다. 이런 대화는 비인간적인 방법으로 이루어지기 때문에 '비인간적인 의사소통' 이라고 한다.

이런 상황에서 비인간적인 말을 듣는 상대방은 내면이 뒤틀리기 시작한다. 자신을 실컷 부려 먹는 것도 모자라 이런저런 설교나 늘어놓고 압박을 가한다고 생각한다. 도가 지나치면 상대방은 인격적인 대우를 받지 못한다고 느낄 수도 있다. 만약 자기 직원에게 이런 식으로 대하는 고용주가 있다면 그는 직원을 동등한 인격체가 아니라 머리부터 발끝까지 이용의 대상으로 생각하는 것이다. 이런 경향이 심해지면 직원은 자신이 중요하지 않은 존재라고 생각하게 될지도 모른다.

그러나 상대방과 관계를 이어갈 수 있는 또 다른 방법이 있다. 상대방도 자신만의 감정을 가질 권리가 있다는 사실을 인정하는 것이다. 그것만으로도 자신만의 반응을 그대로 보여줄 수 있는 여유가 생긴다. 상대방의 진정한 모습을 받아들이고, 그가 자신의 목적을 이루기 위한 존재가 아니라는 사실을 인지할 수 있다.

평화운동가인 마르틴 부버는 "재능은 신에게 부여받고 부여받지 않은 것이 아니다. 주어진 재능을 사용하느냐 사용하지 않느냐의 차이가 있을 뿐이다"라고 말했다. 부버가 '나-그것 관계'라고 칭하는 비인간적인 관계에서는 진정한 소통이 불가능하다. 이 경우, 상대방을 자신의 욕망을 채울 대상으로만 생각하고 관계를 형성하기 때문이다.

부버가 '나-그대 관계'라 칭하는 인간적 관계에서는 자신의 모습을 자신보다 위대하다고 생각하는 존재에게 그대로 보여준다. 서로가 서로를 위대한 존재라고 여기고 소통하기 때문에 진실되게 대하며 조화롭게 살아갈 수 있다. 이런 관계에는 불신이 끼어들 여지가 없다. 상대가 나를 어떻게 생각할까, 그가 나를 이용하지는 않을까, 내가 그에게 해를 끼치지는 않을까 염려할 필요가 없다. 위대한 존재는 통제할 수 없기에, 굳이 통제하려 애쓰거나 그러지 못할까 봐 우려하지 않아도 된다.

진실한 마음으로 다가서라

> 진정한 친구를 얻는 것은
> 또 하나의 인생을 얻는 것과 같다.
> _발타자르 그라시안 Baltasar Gracian

진실하고 간단한 의사소통은 어떤 상황에서든 마법과 같은 효과를 발휘한다. 처음에는 어려울 수 있겠지만 계속하면 상대 방과의 관계를 발전시키는 데 유용하게 사용할 수 있다.

우리는 각자 자신만의 고유한 재능과 능력을 갖추고 태어났다. 그것을 두고 남보다 낫다고 우월감을 느끼는 것은 소용없는 일이다. 우월감은 우정, 사랑, 진정한 도움을 자신에게서 멀어지게 만들 뿐 삶에 긍정적 영향을 미치지 못한다. 남과 비교하려는 충동은 인생에 이미 깃들어 있는 아름다움과 위대한 힘을 거부하기 때문에 발생하는 것이다. 오늘 하루 모든 사람을 아름답고 완벽하며 고유한 존재로 바라보라.

무슨 일이 일어나든 용기를 갖고 긍정적인 반응을 보여라. 마음을 열고 자연의 흐름을 관망하고 모든 것을 있는 그대로 수용하라. 자신의 마음을 수용하고 마음의 목소리를 그대로 표현하라. 우리의 마음은 목소리를 갖고 있다. 마음의 목소리는 우리가 귀 기울여 주기를 간절히 바란다. 그 소리가 밖으로 나오면 그 순간 진정한 만남이 이루어진다.

♠ 마법 같은 인연에 감사하라

진정한 만남의 가장 중요한 요소는 진정한 만남을 절실히 원하는 '두 주체'이다. 양 당사자가 이 순간만은 상대방을 통제하고자 하는 욕구를 벗어던져야 한다. 상대방의 눈을 바라보며 은근히 칭찬을 바라지 말아야 한다. 자기 자신에게 중요하고 옳은 욕구는 잊어야 한다. 자기 자신을 보호할 필요도 없다.

이런 종류의 만남은 우리에게 자유를 선사한다. 진정한 만남이 발생하면 어떤 사람은 크게 웃고 어떤 사람은 울기도 한다. 이런 종류의 상호 작용을 얻기 위해서는 스스로 준비해서 진정으로 만날 수 있는 상대를 초대해야 한다. 마르틴 부버는 《사람과 사람 사이》에서 진정한 만남에 대해 다음과 같이 묘사하고 있다.

이른 아침, 인적이 없는 기차 승차장에서 두 신사가 기차를 기다리고 있었다. 두 사람은 서로에 대해 전혀 아는 바가 없었다. 한 사람은 신문을 읽고 있었다. 기차가 도착하자 둘은 기차를 올라타서 나란히 함께 앉았으나 아무 말도 하지 않았다.

그러다 갑자기 두 사람의 마음속을 가리던 베일이 벗겨졌다. 방어하려는 마음과 침묵이 녹아내렸다. 아무런 말도 하지 않았지만 두 사람은 교감했고, 서로 알게 되었으며, 무척 친숙하게 느껴졌다. 두 사람의 마음이 열리고 대화가 오갔다. 두 사람의 마음은 충만하고 축복으로 가득했다.

진정한 만남은 마법과 같이 이루어지는 것이다. 이러한 만남은 누구나 체험할 수 있다. 우리가 진정한 만남을 준비하면 상대방과 한층 더 깊은 의사소통을 나눌 수 있다. 어떤 이는 이를 '진정한 소통'이라 부른다. 다시 말해 자기 자신보다 더욱 위대한 무언가와 접하는 경험을 하는 것이다.

소통하는 동안, 자신은 세상의 한 생명 그 자체로 존재하게 된다. 말도 행동도 필요 없다. 무슨 일이 일어나든 담담하게 그 일에 순응해서 세상과 하나가 되면 사랑을 얻을 수 있다. 진정한 소통이 이루어지는 순간, 생명의 문이 활짝 열리고 진정한 자신의 위대함을 발견하게 된다.

에머슨은 진정으로 서로에게 속하는 것과 자신에게 더욱 위대한 선을 가져다주는 것을 끌어당기는 '자기장의 법칙'이 존

재한다고 말했다. 지금 당신이 만나 인연을 맺고 있는 모든 이
는 그러한 자기장의 법칙을 통해 만난 사람들이다. 더는 불신
의 눈으로 바라보며 불안해하지 마라. 그들의 존재 가치를 믿
고 진심으로 소통하면 왜 그들이 지금 당신 곁에 존재하는지,
당신에게 어떤 선을 선사하는지 깨닫게 될 것이다.

❦ 걱정 많은 사람에게는
인정과 지지를 표현하라

주변에 걱정 많은 사람이 있다면 어떻게 해야 할까? 자잘한
근심 걱정이 너무 많은 나머지 무기력에 빠지거나 타인을 믿지
못하며 주변 사람들에게 불신이나 적개심을 드러내기까지 하
는 사람을 보면 누구라도 답답함을 느낄 것이다. 그러나 걱정
많은 사람일수록 주변의 도움을 필요로 한다. 타인을 자기 기
준으로 삼고 있기 때문에 타인들의 끊임없는 말과 행동이 혼란
스러운 상태에서 빠져나오는 데 도움이 될 수 있다. 무엇보다
도 인정과 지지를 표현하며, 그 스스로 자신을 믿도록 이끌어
주는 것이 필요하다.

첨피는 자신에게 어떤 임무가 맡겨지면 안절부절못하며 불안
해했다. 그는 자신이 맞게 일하고 있는 것인지 확신할 수 없었

고, 그 때문에 하나하나 주변 사람들에게 확인받기를 원했다. 게다가 한 사람에게 확인받은 것으로는 만족하지 못했고, 두 명 이상에게 확인받아야만 겨우 안심하고 다음 단계로 나아갔다. 이런 첨피의 행동은 주변 동료들의 원성을 샀다. 새로운 팀장이 첨피의 부서에 부임했을 때, 동료들은 첨피를 걱정병 환자라고 표현할 정도였다. 그들은 첨피가 자신들의 시간을 빼앗고 있으며, 그것도 모자라 자신들을 믿지 못하며 팀 내 불화를 조장한다고 말했다. 첨피와 개인적으로 면담하고서 팀장은 다른 팀원들의 말을 이해할 수 있었다. 첨피는 오로지 회사의 인정을 받는 데만 모든 정신을 집중하고 있었고, 실수한 나머지 자신의 노고를 인정받지 못할까 봐 근심했다. 그는 오히려 다른 팀원들이 자신을 시기하고 있으며 제대로 도움이 되지 않는다고 불평했다.

 팀장은 다른 동료들에게 묻기 전에 먼저 자신에게 보고서를 가지고 오라고 지시했다. 그는 첨피의 업무 중 잘한 것은 칭찬하고 공개적으로 인정해주었으며, 잘못된 부분은 지적하되 그 문제가 첨피의 회사 생활에 전혀 지장을 주지 않으리란 신뢰를 거듭해 심어줬다. 또한 첨피에게 다른 동료들을 인정하면 그들 또한 첨피를 인정하리란 것을 계속해서 이해시켰다. 주변 사람들이 모두 걱정병 환자라 칭하던 첨피는 1년 후 팀 내에서 가장 능동적으로 일하는 직원이 되었으며 더는 자신의 걱정과 불안을 잠재우기 위해 다른 동료들을 괴롭히지도 않았다.

상대방을 인정하는 것은 목마른 식물에 물을 주는 것과 같다. 상대방을 인정하는 것은 그의 의미 있고 고무적인 행동에 정직하고 긍정적인 피드백을 제공하는 것이다. 문제에 관해 피드백하더라도 비난이 아니라 맺고 끊음이 분명한 비판을 제시함으로써, 그것이 생각처럼 나쁜 결과를 불러일으키지 않는다는 것을 확실히 해야 한다.

누군가가 잘못을 저지르거나 어떤 식으로든 기분 나쁜 행동을 하면 그를 삶에서 포기해버리는 경우가 많다. 그가 실제로 어떤 사람인지 또 어떤 능력을 가지고 있는지 알기도 전에 말이다. 하지만 시종일관 상대방의 옆을 지키면 그는 안도감을 느끼고 가르침을 받으며 성장할 것이다. 상대방은 실수가 행동의 끝이 아니며 자연스러운 배움의 한 과정임을 깨닫게 될 것이다. 또한 인정과 신뢰를 전달하는 것을 포기해서는 안 된다. 누구나 자신의 일을 인정받을 때 성장한다. 상대방을 인정하기란 매우 쉽다. 상대방에게 비난이 아닌 감사와 존경, 지지를 보내면 된다. 인정은 매우 강력한 힘을 지닌다.

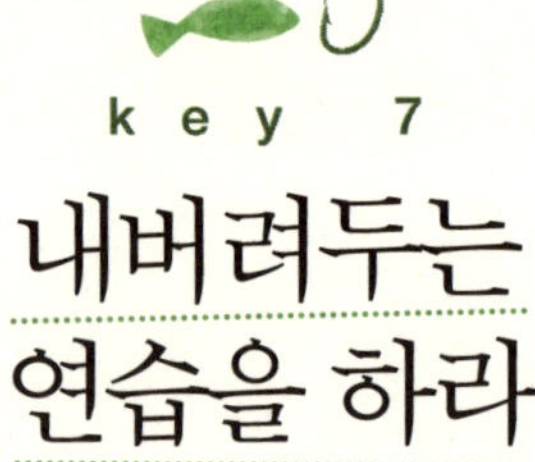

key 7

내버려두는
연습을 하라

내버려두면 걱정했던 일이 저절로 풀린다

> 깨달음으로 가는 길에는 걱정이 존재하지 않는다.
> _테리 길리멧 Terri Guillemets

'내버려두는 것'은 걱정과 상반되는 멋진 말이다. 현실을 있는 그대로 전개되도록 내버려두라. 쓸데없는 간섭도 필요 없다. 그냥 내버려두면 주변 사람과 상황, 그리고 자기 자신에게서 해방될 수 있다. 어떠한 결과를 바라거나 상황의 흐름에 참견하지 않아도 된다. 선택이 필요한 순간에는 자신을 압박하지 말고 자연스러운 선택이 나올 때까지 그대로 내버려두라. 그러면 엄청난 해방감과 에너지를 느낄 수 있을 것이다.

우리는 눈앞에 닥친 문제의 해답을 찾기 위해 현실을 물고 늘어진다. 또한 답을 찾기 위해 주변 사람을 닦달하는 데 에너지를 낭비한다. 어려운 상황이 닥치면 생각하고 계획하고 걱정하느라 자신을 철창 없는 감옥에 가두어버린다. 그러나 대부분의 문제는 공상이 만들어낸 작품에 불과한 경우가 많다.

있는 그대로 편안하게 내버려두라. 아침에는 해가 뜨고 밤에는 해가 지도록 내버려두라. 그렇게 계속 연습하다가 좀 더 어려운 단계에도 도전해보라.

♦ 흘러가는 대로, 삶을 관조하라

인생을 그저 흘러가는 대로 내버려두면 근심과 통제하고자 하는 강박관념이 사라진다. 밀물 때에는 물이 차오르고 썰물 때에는 물이 빠져나가도록 내버려두라. 매 순간 인생에 무엇이 옳은지를 알려주는 안내자가 존재한다고 믿어라. 완벽한 삶을 위해 무리하게 애쓰고 계획하며 본래보다 더욱 많은 것을 요구하는 것을 멈춰라. 긴장을 풀고 삶의 지혜를 받아들여라. 인생의 안내자는 무엇이 옳고 진실한 것인지 알고 있다. 그는 언제나 우리 곁에 있다. 다만 우리가 아직 그 힘을 받아들이지 못했을 뿐이다. 지금부터라도 삶을 내버려두는 연습을 하자. 이는 걱정을 물리치는 또 다른 처방전이 되어줄 것이다.

사랑을 갈구하는 외로운 여성이 있었다. 어느 날 그녀는 숲 속을 거닐다가 고운 소리로 우는 새 두 마리를 발견했다. 그녀는 굶주린 새들을 집으로 데려와 작은 새장에 넣고 먹이를 주었다. 건강해진 새들은 아침마다 멋진 노래로 그녀를 반겼다. 그녀는 새를 무척이나 아꼈고 새들의 노래가 영원하기를 바랐다.

그러던 어느 날 그녀가 새장 문을 열어놓는 바람에 새 한 마리가 새장을 빠져나왔다. 머리 위를 맴도는 새를 걱정스레 지켜보던 그녀는 새가 도망가 버리면 다시는 그 새를 볼 수 없을 것이라는 생각에 겁이 났다. 새가 가까이 날아왔을 때 그녀는 손에 힘을 주고 꽉 움켜쥐었다. 그러자 새의 몸이 축 늘어졌다. 깜짝 놀라 손을 펴보았지만 새는 이미 죽어버렸다.

그녀는 새장 문 주위를 맴도는 다른 새를 보며, 새가 자유를 갈망하고 있음을 느꼈다. 그녀는 새장에서 새를 꺼내어 공중으로 날려 보냈다. 새는 한 바퀴, 두 바퀴, 세 바퀴, 계속 그녀의 주변을 맴돌았다. 새가 자유를 만끽하고 있는 모습을 지켜보며 행복해진 그녀는 더 이상 새를 잃을까 걱정하지 않았다. 바로 그때 새가 그녀의 어깨에 살포시 내려앉아 노래를 부르기 시작했다. 이제껏 들어본 적이 없는 달콤하고 아름다운 노래였다.

삶이 나아가는 대로 내버려두는 것이 사랑의 행동이다. 믿음을 갖고 삶을 그대로 놔둘수록 더욱 많은 선물을 받을 수 있다. 또한 직관력도 점점 발달하게 된다. 그러면 삶의 진정한 의미를 얻을 수 있고 불안과 불확실함에서 해방될 수 있다.

🌱 내면의 목소리에 귀 기울여라

우리는 자기 자신에 대한 이미지 중에 어떤 것에는 집착하고 어떤 것은 무시해버린다. 우리 내면에는 여러 목소리가 존재한다. 올바른 직관을 기르기 위해서는 내면의 여러 목소리에 귀를 기울여야 한다.

하지만 그것은 각각 상충되는 욕망을 지니고 있어 서로 다른 메시지를 내보낸다. 그로 인해 혼란에 빠져 자신을 망쳐버릴 수도 있다. 예를 들면 어떤 길을 선택하고 그 길을 걷고 있는데 갑자기 내면의 한 목소리가 정반대 방향이 옳은 길이라고 말하는 것이다. 혹은 새로운 프로젝트를 시작했는데 내면의 한 목소리가 의혹과 두려움이 가득한 말을 건넬 수도 있다. 또는 사랑에 빠져 행복한 상황에서 상대방에 대한 부정적인 이야기만 해대는 내면의 소리가 들릴 수도 있다. 어떤 목소리가 진짜일까? 어느 것이 진실한 것일까? 어떤 목소리를 따라야 할까?

대부분 내면의 상충되는 목소리를 제대로 인식하지 못하기 때문에 이러한 의문을 품는 일이 흔한 것은 아니다. 따라서 여러 가지 충동적인 반응을 보인다. 충동적인 반응은 사건에 대한 즉각적 행동이 아니라 상충하는 내면의 목소리가 표출된 결과이다.

내면의 목소리가 두려움을 유발할 때도 있지만 우리는 모든 목소리에 귀를 기울여야 한다. 어쩌면 내면의 목소리가 위협적이라는 이유로 이를 무시하고 들리지 않는 것처럼 귀를 막은 적도 있을 것이다. 그러나 잠재의식 속의 목소리는 행동과 감정에 영향을 미치므로 내면의 목소리를 차단하는 것은 위험하다. 자신도 모르는 사이에 내면의 목소리에 조종당할 수 있기 때문이다. 경청하지 않으면 불안과 증오 등 온갖 종류의 감정을 총동원해 주의를 기울이도록 만든다. 그러는 사이 진짜 전달하려던 내적 메시지는 사라지고, 경보등으로 사용했던 부정적인 감정의 잔재들만이 남는다.

수많은 내면의 목소리가 존재한다는 사실을 깨닫기만 해도 엄청난 해방감을 느낄 수 있다. 내면의 목소리가 들려주는 말에 귀를 기울이면 오히려 혼란과 두려움이 모습을 감춘다. 또한 관심을 가져야 하는 소중한 내면의 이야기가 많다는 사실을 깨닫게 된다.

우리는 모두 원시적 자아를 가지고 있다. 원시적 자아는 모든 일을 능숙히 처리할 수 있는 능력을 지닌 존재이다. 현명한 원시적 자아는 직관력, 불변의 지혜, 내면의 주인이라고 불리기도 한다. 원시적 자아가 우리를 이끌게 하라. 이 진정한 자아는 우리가 무엇을 하고 있는지, 어디로 가야 하는지 알고 있다. 타인과 외부의 요구에 너무나 많은 관심을 쏟고 민감하게 반응한 후, 왜 여전히 뭔가 부족하며 혼자라는 느낌이 드는지 고민하는 사람이 많다. 자신에게 시간과 애정을 쏟으면 이제껏 관심을 갈망해온 내면의 자아가 든든한 지원군을 얻게 된다. 스스로 감춰왔던 모습을 표현하고 그 모습을 받아들여라. 내면의 자아에 진지하게 귀를 기울이고 내면의 목소리가 소리를 낼 기회를 주어라. 그러면 더욱 생동감 있는 완전한 자아로 회귀할 수 있다.

이런 과정을 반복적으로 행함으로써 우리는 이전에는 타인에게서 얻고자 했던 것을 자기 자신에게서 얻을 수 있다. 더는 공상과 신기루를 통해 억지로 타인의 관심을 끌고 이해받고자 노력할 필요가 없다. 이제 필요한 것은 모두 자기 자신 안에 갖추어져 있으니까 말이다.

아무것도 하지 않는 연습

무위란 아무것도 하지 않는 상태가 아니라
무슨 일이든 할 수 있도록 자유로운 상태이다.
_플로이드 델 Floyd Dell

인생은 노력으로 만들어진다. 우리는 원하는 것을 얻기 위해 끊임없이 노력한다. 그러나 때로는 일상의 노력이 지나친 나머지 한 가지 목표를 달성하기 위해 노력하느라 인생을 소모하는 경우가 발생한다. 신화 속 시시포스처럼 계속해서 굴러 떨어지는 바위를 다시 굴려 올리는 식이다. 이런 반복적이고도 소모적인 노력을 계속하는 이유는 무엇일까? 개인의 노력과 노력에의 의지가 목표에 다다르기 위한 열쇠라고 생각하기 때문이다. 그런 사람들에게 모든 노력을 멈추고 가만히 앉아 한동안 아무것도 하지 않는다는 것은 상상도 할 수 없는 일이다.

그러나 무조건 애쓰는 것만이 능사는 아니다. 분주하게 노력하다 보면 자신도 모르게 그에 대한 보상을 원하게 되고, 그것

이 지나치면 망상을 부르는 헛된 기대가 된다. 다음의 이야기
는 완벽한 순간이 올 때까지 인내하는 것이 얼마나 중요한지
알려준다.

한 검술가가 자기 아들인 마타주로의 검술 실력이 늘지 않는 것을 못마땅
하게 여겼다. 그는 아들의 검술 실력이 늘지 않는 것을 아들의 노력 부족
때문이라고 생각하고, 아들에게 화를 냈다. 그리고 아들을 반조라는 유명
한 검술가에게 보냈다. 반조의 오두막에 도착한 마타주로는 그와 면담을
나누었다. 반조는 이렇게 말했다.

"네 아버지 말씀이 옳구나. 너는 훌륭한 검술가가 될 만한 자질을 갖고 있
지 않아. 절대로 높은 수준의 경지에 이르지 못할 것이다."

"끈기 있게 연습한다 해도 말입니까? 그렇다면 제가 검술가가 되는 데 얼
마나 걸릴까요?" 마타주로는 애원하듯 물었다.

"평생이 걸릴 게다." 반조가 대답했다.

"그렇게 오래 기다릴 수는 없습니다. 저는 어떤 고난도 이겨낼 준비가 되
어 있고, 저 자신을 모두 바칠 수 있습니다."

"그렇다면, 십 년이 걸리겠구나."

"연습을 두 배로 열심히 하면 어떻겠습니까?" 마타주로는 은근슬쩍 질문
을 던졌다.

"그러면 삼십 년은 걸릴 것이다."

"뭐라고요? 처음에는 십 년이라고 하시더니, 삼십 년이라니요. 제게는 시

간이 그리 많지 않습니다. 아버지께서 살아 계실 때 훌륭한 검술사가 되어야 합니다."

"그런 태도라면 칠십 년은 족히 걸리겠구나." 반조는 확실한 어투로 말했다.

아무것도 하지 않는 것은 그저 상황에 자신을 내맡기는 수동적인 의미가 아니다. 서두르지 않고 열매가 익도록 기다리는 것이다. 해야 할 것, 가야 할 곳, 만나야 할 사람, 이겨야 하는 경쟁 등에서 벗어나 어떠한 요구도 없는 상태, 순리에 따르는 상태를 스스로 선택하는 것이다.

♦ 분주함에서 벗어나 자신으로 돌아가라

풀은 우리의 노력으로 풀이 자라는 것이 아니다. 저절로 무성하게 자라나는 것이다. 아무것도 하지 않음으로써 이 세상을 '내'가 통제한다는 생각을 버릴 수 있고 자립적인 힘을 키울 수 있으며, 자신에게 다가오는 것들을 기꺼이 맞이할 수도 있다. 아무것도 하지 않는 것은 무척 생기 있고, 활동적이며, 건설적인 일이다.

무언가를 구하려는 분주함에서 벗어나면 새로운 삶이 펼쳐진다. 물에 파장을 일으키지 않으면 보석이 어디 있는지 쉽게 발견할 수 있다.

몇 분, 또는 몇 시간, 며칠 동안이라도 혼돈에서 벗어나라. 인생의 회전목마와 롤러코스터에서 벗어나 보라. 집이라면 방석 혹은 의자, 밖이라면 공원 벤치에 앉아 침묵해보라. 아무것도 기대하거나 기다리지 말고, 동시에 내가 아닌 다른 어떤 존재가 되려고도 하지 말고 그저 나 자신으로 존재하라. 호흡에 집중하라. 단순히 존재하는 것만으로 충분하다. 존재하는 것이 삶의 전부이다.

우리는 인생의 보석을 찾는 법을 알고 있다. 자신이 누구인지, 자신에게 무엇이 필요한지 아는 사람은 결국 자신이다. 당신은 지금까지도 그것을 알고 있었고 앞으로도 알게 될 것이다. 그 누구도 당신을 가르칠 수 없다. 그 누구도 당신에게 상처 줄 수 없다. 찾고 있던 보석은 바로 당신 자신이기 때문이다.

아무것도 하지 않는 것은 앞서 말한 공백의 시간(193페이지 참고)과도 일맥상통한다. 공백의 시간에 생각을 비웠다면, 아무것도 하지 않는 연습을 통해서는 내면을 비우고 단련할 수 있다. 이 역시 일종의 명상이다. 계속 수행하다 보면 타의에 대한 반사적인 행동과 반응이 줄어들고 마침내는 그에 대한 생각에서 벗어나게 된다. 그리고 자신의 모든 면을 받아들일 수 있

다. 어쩌면 자신의 내면에서 마주치는 생각, 감정, 환상이 충격
적으로 느껴질지 모른다. 하지만 매일 이를 반복하다 보면 더
욱 강해지고 현명해진 자신을 발견하고, 내적 평안을 느낄 수
있다.

　아무것도 하지 않음을 통해 발견하는 모든 것을 삶의 선물로
받아들여야 한다. 설사 그것이 자신이 거부하고 싶었던 모습이
라도 말이다. 그 또한 나 자신임을 받아들여라. 모든 것을 수용
할 때 역설적으로 모든 것이 변화한다. 아무것도 하지 않은 채
자신과 마주하여 자기 내면에 존재하는 모든 것을 겸허히 받아
들이면 그동안의 걱정과 괴로움이 치유될 것이다.

옮긴이_ 김지영

중앙대학교 영어영문학과를 복수전공하고, 십여 년간 해외 영업 및 통번역 분야
에 종사하였다. 다큐멘터리, 드라마 등 수십 편의 영상물을 번역하였으며 현재는
영국에서 아이들을 가르치고 있다.

걱정 버리기 연습

초판 1쇄 인쇄일 2014년 4월 23일 • 초판 1쇄 발행일 2014년 4월 28일
지은이 브렌다 쇼샤나 • 옮긴이 김지영
펴낸곳 (주)도서출판 예문 • 펴낸이 이주현
기획·편집 김유진 • 디자인 김지은 • 관리 윤영조 · 문혜경
등록번호 제307-2009-48호 • 등록일 1995년 3월 22일 • 전화 02-765-2306
팩스 02-765-9306 • 홈페이지 www.yemun.co.kr
주소 서울시 강북구 미아동 374-43 무송빌딩 4층

ISBN 978-89-5659-224-4 (13180)